U0130149

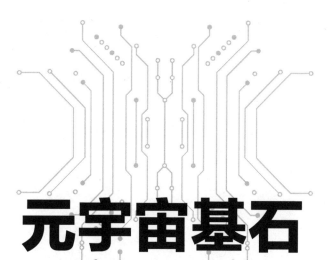

元宇宙基石

Web3.0与分布式存储

焜耀研究院◎著

电子工业出版社

Publishing House of Electronics Industry

北京·BEIJING

序

在漫漫的时间长河中，互联网已经成为人类历史上最伟大的发明之一。在过去几十年的时间里，互联网对科学、技术、商业起到前所未有的推动作用。人类的交流方式因其而改变，人类进入了信息时代。这个时代给人一种错觉——信息唾手可得，且不会被篡改并可以永久保存，但是，在目前的网络架构中，这很难实现。

互联网的发展经历了从分散到集中的过程，商业的推动使互联网越来越集中化，特别是数据保存，集中式的"云存储"是目前主要的数据保存方式。数据存储于营利性公司运营的大型集中式孤岛中，这种架构使互联网变得脆弱，使存储数据的价格保持在高位，成为数据所有权管理、数据流转及数据创新使用的瓶颈。

现在的互联网已经是创造价值的基本渠道，是日常生活中不可或缺的重要部分。但是，互联网价值交换、数据存储、访问及管理却被少数巨头控制。这一切，必将发生改变，也正在发生改变。区块链技术被逐步采用和推广，使互联网从集中再次走向分散成为可能。而融合了区块链技术的分布式存储的发展可能是再次变革的开始，是迈向 Web 3.0 的坚实一步。

从 Web 2.0 到 Web 3.0 是一个渐进而漫长的过程，其中必然包含无数精彩的篇章，如缘起、发展、冲突、突破、过渡、高潮等。

试想，也许在 20 年或 50 年之后，在一个更加丰富的互联网世界里，网络更加去中心化，新兴的技术让我们能够通过按内容寻址而不是按位置寻址来改进网络的底层协议。这使网络成为一个更安全、更强大的地方。在那里，我们不再依赖任何一个特定的实体来向我们提供我们所请求的数据。我们不再依赖数据存储费高昂的企业来存储和传输数据，而是可以在庞大的、人人可以参与的分布式网络中分发数据，相互付费，存储数据。用户掌握自己的数据，隐私得到保护，数据流动和价值交互没有障碍。

这就是 IPFS、Filecoin 的愿景，也是分布式存储的愿景。当这一天到来的时候，你也许想打开时间胶囊，看一看这一切都是怎样开始的。焜耀研究院出版的这本书正是这样一个时间胶囊，它浓缩了区块链技术和分布式存储早期发展的整个历程，采用叙事的方式，讲述了其中的关键时刻和里程碑事件，以通俗易懂的方式记录历史，其中不乏焜耀研究院资深研究员们的深度思考。

这是值得对区块链和分布式存储感兴趣的读者拥有的一本书，你不需要拥有高深的技术背景，可以泡一杯茶，细细"咀嚼"Web 3.0 的开端和发展，思考原因和必然性。本书也可以作为收藏，作为随时可以打开的时间胶囊，供读者随着文明的发展，回过头来查看，体味作者的洞见。

李　昕

目录

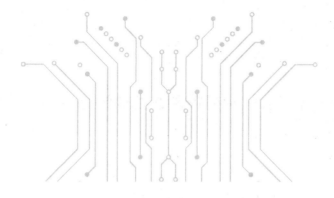

第一章
数据与存储

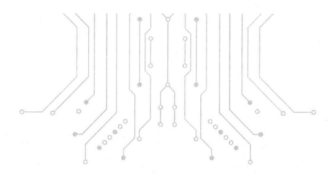

1.1　数据存储方式的演化

1.1.1　早期人类存储信息的载体

人类的出现可追溯至 300 万年或 400 万年之前，相对于约 137 亿年前宇宙的诞生，渺小的人类文明只占据了非常短暂的一瞬。但就是在这短暂的时间里，真正被记载下来流传至今的也只有几千年而已。如今的考古学家只能费尽周折地从出土的文物、化石、琥珀等历史的残留物中去寻找那段消失的记忆，拼凑出人类绚烂文明的起源。

但是那段历史依然是残缺的，在很大程度上是人们想象出来的，有些历史我们可能永远无法得知。或许当未来科技高度发达时，我们才能够进一步将历史还原，但消失的历史依然是人类的遗憾。这不能责怪我们的祖先，因为他们也在努力寻找适合记载信息的媒介。而正是因为存储方式的不断演进，前人的经验得以传承，后人在前人的基础之上继续创新和优化，人类文明才得以进步。

在远古社会，人们交换思想、交流经验大多通过口耳相传，靠本能和记忆行事。但是生物记忆的能力毕竟有限，正如我们学生时代老师经常说的那句"好记性不如烂笔头"。古人虽然没有烂笔头和纸张，但是并不影响他们就地取材，通过其他方式来记载信息。

绳子是个好东西，可以捆绑猎物、固定物品，通过打结还能够记录信息。某个古人外出打猎，收获了 1 只羊、5 个果子，就可以打 1 个大结外加 5 个小结来记录今天的收获。还有一些怀旧的古人，通过结绳的方式来记录值得纪念的日子，比如，《易九家言》就有记载："事大，大结其绳；事小，小结其绳；之多少，随物众寡。"于是，这些大大小小的绳结就成了帮助古人回忆的线索。

到这里就有人会疑惑不解了，用绳结来计数还可以理解，用绳结记事则显得有些不靠谱。毕竟年代久远的事件，仅从一个绳结去回忆起当天发生的具体情况，还是非常困难的。尤其是人在一生中会经历那么多的大小事件，难免会出现遗忘的情况。

出现问题、解决问题，是人类社会持续进步的正向循环。既然单一的绳结无法存储复杂的信息，那么就通过将不同材质的绳子、不同的结绳方式及涂抹不同的颜色相结合的方式来记录、存储信息。每一种绳结都代表着一个词语，通过不同的组合来记录不同的信息。当时，这可以说是一种非常先进的信息记载方式，或者说更像一种语言系统。

不过结绳毕竟是一件非常烦琐的手工劳动，尤其是在需要记录大量信息的时候。同时，绳子易损耗。潮湿的天气、虫子啃食等都会对绳子造成破坏，记载的信息也容易丢失。因为本质上存在着缺陷，结绳记事的方式也逐渐被刻在墙壁上、石头上、动物骨甲上的象形文字所取代，后者在表达的丰富性上也强于前者。

说起甲骨文，不得不让人想起全球最大的企业级软件公司之一，即甲骨文（Oracle）公司。Oracle 的英文原译是预言家，后来 Oracle 公司为了贴近中国的历史文化，将中文名定为中国古代占卜记事所使用的"甲骨文"。Oracle 公司通过商用关系型数据库系统打开市场，当前世界上大部分头部公司都采用了 Oracle 技术，包括企业数据存储、应用软件开发等。同样是存储信息和数据，Oracle 公司将中文名定为"甲骨文"可以说非常贴切。

甲骨文主要用于占卜，很少记载历史事件。在甲骨文未出土之前，西方部分学者还曾质疑中国的商朝是否真的存在。当然，对于中国夏、商、周三代的古代文献记载有很多，这是实实在在存在过的历史。只是夏朝及更远的历史，由于没有文字体系和历史实物，后人难以还原那段历史文化，实属遗憾。否则，中国古代的神话故事或许会更加丰富多彩。

不过，好在竹简书很快取代了甲骨文登上了历史舞台，中国语言体系的不断丰富也让竹简成为中国悠久历史文化的承载体。从殷商一直到魏晋，千余年的历史文化得以传承。《论语》《易经》《孙子兵法》等诸多文献都是世界闻名的文化瑰宝，反观同时期欧洲书写载体的发展比中国晚了近千年。中国魏晋南北朝时期，欧洲人书写《圣经》仍在用羊皮，而此时的中国已经开始使用纸张了。在工业革命还未到来的时期，生产力主要源自人力劳动且人人皆是劳动力，供需关系决定了人力劳动相对廉价。因而在记录信息的过程中，信息的承载体要比劳动力更珍贵。纸张相对于羊皮来说，成本更加低廉。

造纸术是中国四大发明之一，起源于西汉时期，由东汉时期的蔡伦进行了改良。西汉时期的麻制纤维纸由于质地粗糙，制作成本较高，也就没有得到普及。但蔡伦将树皮、麻头、粗布及渔网等被弃用的材料作为原料，经过挫、捣、炒、烘等工艺将其制造成纸。这种纸的原料成本低，制作也相对简单，纸的普及度逐渐提高了。又经过后人的不断改善，纸慢慢发展成为至今仍被沿用的信息载体。

纵观整个人类信息存储载体的演化，绳子（结绳记事）、甲骨文、动物皮、竹简书、纸张等，人类一直在寻找更便捷、经济和安全的载体，来传承前人的精神思想和时代记忆。安全和便捷似乎总是相互矛盾，正如纸张方便书写且成本低廉，但是纸张因为材质的原因也容易损坏。雕刻在甲骨或者竹简上的文字可以保存的时间更长，但其书写相对麻烦且成本较高。因此在历史发展的过程中，人类通过多种载体相结合的方式来记载信息，比如重要事件的少部分信息通过相对烦琐但安全的方式存储，而一般的大量信息则通过便捷的方式存储。这一方式可以说贯穿了整个人类文明，时至今日，即使是在互联网时代，人们也会通过古老的雕刻方式来记载信息。

随着信息载体的不断演化，留下的历史文献及其他各种信息也越积越多。如何相对快速地找到自己想要的信息，成为人类发展的新需求。在古代没有互联网及其搜索功能，人们想要查阅资料需要到当地的书店或者有藏书的地主豪绅家去买或者借阅。但是，通过这种方式寻找资料存在很大的局限性，因为对方的书并没有那么多。能不能找到自己想要的资料，大多依靠运气。或者先打听哪里有自己想要的书籍，这样成功率会更大一些。

面对这种情况，世界各地的政府或者掌权者发挥了很好的作用，其将散落在各地的书籍、文献进行备份和收集，形成了规模浩大、内容齐全的图书馆。根据考古学的发掘，最早的图书馆是美索不达米亚平原的亚述巴尼拔图书馆。其是亚述最后一位国王巴尼拔创建于自己的宫殿之中的泥版图书馆，在时间上它要比埃及著名的亚历山大图书馆早 400 多年。中国也有不少历史悠久的图书馆，只不过那时并没有图书馆一词，而是某某府、某某殿、某某院。

图书馆的工作一般涉及收集、整理、典藏和服务 4 个部分。不过类似亚述巴尼拔图书馆这样由国王建立在自己宫殿的图书馆，其服务的人群只局限于王室，普通民众很难享受这样的服务。但随着民主意识的觉醒，后来图书馆逐渐向民众开放，普罗大众也能够有机会接触到祖先们留下的文献、书籍了。

即使是古代的图书馆，各种藏书少说也有几万册。如何从海量的藏书中快速找到自己想要的资料就成了当时人们亟须解决的痛点，毕竟一本本寻找绝对是一件令人抓狂的事情。小小的索引卡在这里发挥了巨大的作用。

建立索引卡的最初目的是整理动植物和矿物的信息，但是随后就被借用来构建图书馆图书的目录结构。卡片记录和笔记本记录有个很大的区别：卡片可以更自由地根据实际情况，进行补充和信息的修正。但是如果写在笔记本中，那么可扩展性和便捷性就会差很多。比如，图书馆中新增了一本书，那就增加一张卡片，或者其中某本书的位置调整了，那就销毁原来的卡片重新替换一张即可。

不过，由于不同的图书馆拥有不同的索引卡编制规则，有的根据作者姓名，有的根据书名，这造成了一些问题：如果在某个图书馆习惯了该检索方式的读者来到另一家图书馆，就会变得非常不习惯。

1873 年，麦尔威·杜威（Melvil Dewey）在阿默斯特学院学习期间，提出了"杜威十进制图书分类法"，通过按图书主要涉及的领域来将其进行分类。比如，数学类的图书归为一类，历史类的图书归为一类，等等。每个类别都有一段编号，通过不断细分产生的独一无二的编号与图书在图书馆中的位置相匹配。当然图书的书脊上也会粘贴同样的编号，这样读者就可以通过索引卡上的编号准确地找到图书。

这种方式对于已经习惯了互联网的我们来说，再熟悉不过了，这正是互联网用户通过网址找到相应网站的方式，每个网址（编码）都对应着一个网页（图书）。

杜威在 1874 年从阿默斯特学院毕业后，直接进入该学院的图书馆担任助手一职，并通过自己的分类法为这家图书馆进行图书管理。杜威的一生都投身于图书馆事业，他的分类法也逐渐成为全球图书馆索引卡的编制标准，影响深远。

图书馆检索方式的不断演进和细化，让人们能够更便捷、高效地找到自己想要的图书。后来，随着互联网的兴起，图书馆的检索方式也被放到了网上，谷歌、百度等搜索引擎就是这样的产物。

1.1.2 互联网为数据存储方式带来的改变

互联网革命带来的改变可以说是天翻地覆的，人们的生活因为互联网的发展变得越来越便捷。当我们回首互联网的发展时，会发现所谓的互联网创业似乎很简单，无非就是将现实生活中的场景搬到了互联网上。而互联网科技的发展，从本质上来讲就是数据存储和检索的发展。前一句话不难理解，那么如何准确理解后一句话呢？

人们在互联网上聊天、看电影、听音乐、浏览网页或者办公等，其实都是一个输入和输出的过程，即数据存储和检索。你找到一个视频网站是为了想要找到自己喜欢的视频，这就是检索。而检索的前提是，其他用户或者网站所有者已经将这些视频存储在了互联网服务器上。

如今，我们可以在互联网上看到越来越高清的视频，越来越精致的内容，其底层原因是互联网在数据存储方面取得了一系列重大突破，互联网服务器能够承载越来越高质量、大容量的内容。而用户在检索这些内容的过程中，也因为各大互联网企业在检索方面的不断优化，能够享受越来越便捷、快速的检索服务。比如，利用百度或者谷歌的搜索引擎，你在搜索一个东西的时候，还没有将整个句子打完，只是打了开头几个字，网站就自动联想到了相关内容。随着大数据的发展，当你在浏览某个物品的时候，网站还能够自动联想你可能喜欢的类似物品并向你推送。需要额外补充一点，一个网站页面分为前端和后端，后端就是数据的调用，而前端就是通过效果渲染展示被调用的数据，在用户的感官上呈现舒适感。

从本质上来讲，当前互联网的发展就是为了更好地存储数据，让用户能够更快捷、高效地检索数据。但是需要强调的是，如果没有数据存储在互联网上，即使再高明、友好的检索方式也会黯然失色，正如古话所说：巧妇难为无米之炊。所以本书的重点，就是数据存储。

数据从现实生活中被搬到互联网上，经历过一个漫长的过程，其中最主要的因素之一就在于存储载体。与早期人们通过绳子、竹简、石板及纸张等记录信息一样，互联网上的信息也有存储载体，如软盘、硬盘、U 盘等。至于为什么互联网上的所有信息都称为数据，主要是因为绝大部分信息都是以数字形式存在的（"0"和"1"）。

世界上第一台通用计算机 ENIAC 于 1946 年 2 月 14 日在美国宾夕法尼亚大学诞生，相信很多上过计算机课的同学都看过那个庞然大物的图片。ENIAC 每秒可进行 5000 次运算，主要被美国用于弹道计算。因为当时的计算机还不具备数据存储的能力，所以其主要用于军事和科研上的计算。如果再往前追溯，那就要提到计算机之父艾伦·图灵了。计算机领域没有诺贝尔奖，但是图灵奖被视为计算机领域的诺贝尔奖，这足以证明图灵对计算机领域乃至人类的贡献之大。

在第二次世界大战期间，德国设计了一种名为 Enigma 的编码机器。Enigma 密码机体型很小，但是功能极其强大。其上有 3 个轮子，每个轮子都对应着 26 个字母键，这就可以产生 17576 种可能。并且 3 个轮子的顺序和字母的顺序可以进行不同排列，经过层层加密产生的加密方案可以达到惊人的 1 亿亿种。

但在操作上，Enigma 密码机并不复杂。德军指挥部门将情报通过 Enigma 密码机加密之后再传输给执行部门，即使情报被盟军截获，其也很难发现其中的规律。

《孙子兵法》有云："知彼知己，百战不殆。"英军同样知道情报的重要性，为了能够在战场上及时知晓德军的动态，英国在伦敦北边一百千米的布莱克利公园建立了破译机构，聚集了一大批优秀的数学家、密码学家和象棋大师，专门负责破译截获的 Enigma 密码。这其中就包括图灵和后来在爱丁堡大学较早创立人工智能系统的唐纳德·米基。

解密密码最有效的方式其实就是我们熟知的"暴力破解"，即将所有的可能全部罗列出来，将密文还原成可读的、有意义的文字。但是通过人工的方式破解 1 亿亿种可能性，等到揭开了密码估计战争都结束了。在战场上，时间就是生命。能打败机器的，只有更强大的机器。Enigma 密码机有 3 个轮子，而图灵的 Bombe 解密机（"炸弹"解密机）有上百个轮子。

虽然 Enigma 密码机可以产生数种可能性，但本质是调整字母的顺序。只要按照逻辑和方法，再加上强大的"炸弹"解密机，原本不可能破译的密文，就被转变成了极具时效性的情报。这对于整个战场局势的影响不亚于原子弹，甚至有人说图灵的"炸弹"解密机让"二战"提前结束，挽救了上千万人的生命。

计算机的发明是为了在短时间内完成人类无法完成的运算量，"计算机"这一词也一直延续到了今天。

1956 年，"蓝色巨人"IBM 制造了第一款硬盘，包含 50 张约 60 厘米的盘面，它的体积很大，但容量还不到 5MB，读写速度也仅为 1.1 KB/s。如今，5MB 大小的容量估计只能存储一张图片，但在当时这绝对是一个划时代的革新。通过硬盘，计算机可以植入系统程序、存储数据信息了。

为了让计算机能够发挥更大的作用，1969 年美国国防部高级研究计划署（ARPA）和 BBN 公司签订合同，研制适合计算机通信的网络，即"阿帕网"（APRANET）。美军在阿帕网制定的协定下将美国西南部的大学（包括加利福尼亚大学洛杉矶分校、斯坦福大学研究学院、加利福尼亚大学、犹他大学）的 4 台主要计算机相连，这也就形成了早期的互联网。

在接下来的几年时间里，陆续有其他大学、国家机构及大型企业加入进来。到了 20 世纪 70 年代，阿帕网已经接入了 100 多台计算机。研究人员基于已有的网络连接的经验进行总结，重点解决了网络互连的问题。在这个阶段，用于异构网络的 TCP/IP 通用协议诞生并沿用至今。

既然计算机与计算机之间已经实现了互联，那么也就意味着计算机已经具备了浏览信息和传输信息的基础。不过这在很大程度上取决于计算机服务器上能够存储怎样的内容，毕竟那款 1956 年的硬盘只能存储 5MB 的内容，人们最多只能浏览一些文字信息。至于后面逐渐出现的门户网站、社交论坛、浏览器和搜索引擎等，都是基于计算机存储设备的不断发展。

到了 1980 年，IBM 已经推出了总容量超过 2.5GB 的硬盘，至少能够存储一部质量一般的电影了。但是依然要强调的是，我们不能以今天的眼光来评判当时的技术。一个汉字只占 2 个字节，2.5GB 的硬盘可以存储 13 亿个汉字，不算插图的话可以存储 8000 多本书了。只需要几个硬盘，就能够把整个图书馆的文字放进去。并且，硬盘的体积在不断下降，读写速度也在不断提高，直到发展成我们现在熟悉的样子——大容量、小尺寸、读写速度快。

目前，硬盘已成为主流的存储数据的硬件设施，并在各类电子产品中普及。但是在其发展的过程当中，软盘、光盘、盒式磁带等存储载体在不同的时期也展示过各自的风采。

2021 年 3 月，盒式磁带发明人路易斯·奥滕斯（Louis Ottens）去世。虽然盒式磁带几乎已经退出了历史舞台，但对于 80 后、90 后来说这是他们的美好回忆。学生时代练习英语听力、存有偶像歌曲的磁带，搭配上便携式随身听，这些是那个时代的特有符号。

20 世纪 60 年代，奥滕斯发明了盒式磁带，其分为 A、B 两面，每一面都可以容纳 40 分钟左右的音频。磁带由塑料外壳包裹，以保护其中的数据。但即便如此，磁带本身比较容易因潮湿等自然原因产生损耗，数据无法长久保存。

奥滕斯还参与了 CD 的发明，从便携程度来说，CD 和盒式磁带不相上下。但是 CD 在数据存储的可扩展性、安全性等方面要强于盒式磁带，CD 不仅可以存储音频，还可以存储影像和游戏等数据。CD 的寿命也比较长，在正常气温和环境下，数据存储的生命周期可超过 100 年。

相较于盒式磁带、CD、硬盘等存储载体，软盘的受众要更小一些。IBM 在早期为解决计算机操作指令的存储问题，在 1967 年推出了世界上第一张软盘。很多 80 后、90 后在大学时代上计算机课的时候，老师可能会分发装有某个软件程序的软盘，供他们进行安装。但是由于软盘容量太小、读写速度慢、数据易丢失等，软盘逐渐被 U 盘取代。

到了 21 世纪，原本笔记本电脑或台式电脑的服务器上还保留了支持 CD、软盘的接口，但现在这些电脑配置几乎被淘汰了。互联网科技的不断进步，也不断推动着数字化社会的进程，曾经的软盘、盒式磁带、CD 等存储载体也逐渐淡出了大众视野。

回顾互联网时代存储载体的发展，其遵循着以下 3 个原则。第一，可扩展性：在体积不变或减少的情况下，存储容量不断增加；第二，便捷性：除了体积适宜、便于运输，兼容性也非常重要。既能够在自己的设备上使用，也能够在其他设备上使用；第三，安全性：随着数据的不断增多，对于个人来说其价值也在不断增加，因此数据存储的安全性至关重要。

1.1.3　丢失的时间胶囊

时间胶囊又称时间舱，人们会把一些具有代表意义的物品封装到一个容器当中，然后深埋地下，或是以 10 年为限，送给长大的自己作为留念，又或是等到几十年甚至上百年后，让后人挖掘研究。

1938 年 8 月，时任美国总统罗斯福给享誉盛名的物理学家爱因斯坦打了电话，希望他能给 5000 年后的人类写一封信，并将其作为即将开幕的纽约世博会的礼物。爱因斯坦随后就写下了一封《致后人书》，并且将电话、人造纤维、微缩胶片及当时的书籍、杂志等诸多代表 20 世纪人类发展成果的物件塞入了特制的巨大容器中，并埋在了纽约世博会举办地，弗拉兴草坪下 15 米深的花岗岩洞内。

根据该时间胶囊设置的期限，其要等到 6938 年才能被打开。我们会幻想后人打开时间胶囊后的场景，会不会也像今天我们挖掘出古人留下的文物那般，感慨前人为人类进步所付出的心血。这样浪漫而又富有意义的举措也被后续的世博会所效仿。

但是，这样的时间胶囊真的能保存这么久吗？后人能否准确地找到埋放的地方，而时间胶囊又能否经受住岁月的磨砺依然保存完整？我们可以对未来保持乐观，但有时候也要面对残酷的现实。

世界上最古老的图书馆之一亚历山大图书馆，曾经是地中海文明的太阳。马其顿王国的国王亚历山大一世约在公元前 332 年统一了埃及，创建了其都城亚历山大城。在亚历山大一世去世后，曾作为亚历山大一世部将的埃及总管托勒密一世掌管了埃及，并于公元前 305 年称王，创立了托勒密王朝。

亚历山大图书馆由托勒密一世的儿子托勒密二世开始修建。现代很多人都有收集某类物品的兴趣爱好，比如收集邮票、硬币等。托勒密三世却对收集书籍产生了极大的兴趣，他决定继续修建图书馆并要把全世界的书籍都汇聚在此。为了实现这样一个目标，托勒密三世实行了一系列的计划，包括派士兵搜查过往船只，一旦发现书籍全部没收。他还从其他有藏书的地方借出大量手稿原本，并对其进行仿造，然后将原本收藏到自己的图书馆，而把仿造的副本归还回去。

经过这样极端且长期的策略，亚历山大图书馆的藏书量大大提高，顶峰时有超过 50 万册书籍汇聚在亚历山大图书馆，藏书涉及的内容包括哲学、诗歌、文学、医学、宗教等。历史学家渴望能够一览这座蕴含古人思想文化的宫殿，但很不幸，亚历山大图书馆最终毁于战争中的火灾。而且类似的事件，在历史上数不胜数。

这些历史的瑰宝就像一艘艘纸船，航行在历史长河之中，一个浪花打来都可能被淹没。真正流传到今天的少之又少，即使留存下来了，也很难完整保存。或许正是因为有这样的遗憾，在技术上有所突破之后，人类就渴望通过时间胶囊的方式来给后人留下些痕迹。

随着 21 世纪计算机行业突飞猛进的发展，尤其是硬件存储领域的发展，计算机得以普及并逐渐成为人们记录和查询信息的主要方式。硬盘自 1956 年至今，经过了 60 多年的发展，尺寸依然被控制在几英寸，但是容量却已经突破了 TiB 级别。2018年 Nimbus Data 宣布推出 ExaDrive DC100 系列固态硬盘，其最高 100TB 的容量打破了当时这一产品的纪录。ExaDrive DC100系列固态硬盘可以存储 20000 部高清电影或 2000 万首歌曲。

硬件设备的发展已经有能力把人们日常生活、工作当中绝大部分的内容放在互联网上，人们也习惯了这样的生活。但是，互联网行业在发展的过程中，也产生了激烈的竞争，以及诸多巨头的崛起与陨落。操作系统、浏览器、门户网站、搜索引擎等领域都经历过厮杀，最终胜者独大。

估计现在很少有人还记得曾经名噪一时的 AltaVista，这是一款于 1995 年由 DEC 公司（Digital Equipment Corporation）创立的搜索引擎。在互联网发展的早期，没有人知道应该怎么做，往往是在硬件发展到一定阶段的时候，才能解锁新的产品方向。AltaVista 其实就是这样的产物，它最早只是 DEC 公司超级计算机 AlphaServer 8400 TurboLaser 的一个测试用例。这个超级计算机使用 64 位处理器，可以非常快速地搜索大型数据库，搜索引擎只是其威力的展示。

在 AltaVista 经过测试正式向公众推出后，很快便受到了各类网络用户的欢迎，访问量当天就达到了 30 万。基于超级计算机的 AltaVista，它搜索的内容比竞争者高出 10 倍，并且内容质量也相对较高。1996 年，也就是 AltaVista 正式上线一年后，它的日访问量已经达到了 1900 万。截至 2002 年 6 月底，AltaVista 宣称其数据库已经存有 11 亿个 Web 文件。AltaVista 受关注度的不断提升，其实就是用户对数据检索这一基本需求的满足。作为搜索引擎领域的开拓者，AltaVista 还通过不断优化，将自然语言搜索等极具创新性的功能加入其中。在同一时期中，AltaVista 作为搜索引擎已远远将竞争对手甩在了身后。

如果不是 AltaVista 所有者在商业方向选择上出现失误，或许今天广受欢迎的搜索引擎依然是 AltaVista 而没有谷歌什么事儿了。DEC 公司其实从一开始对 AltaVista 的定位就不太清晰，一直将 AltaVista 看作某项产品的其中一个功能。比如，诞生之初的 AltaVista 只是想要去展示超级计算机的威力。后来 DEC 公司于 1998 年被康柏（Compaq）收购，DEC 公司就此退出历史舞台。AltaVista 也在后续的一段时期不断被收购重组，最后雅虎通过收购 AltaVista 的所有公司并将其建立起的搜索技术并入了雅虎搜索。2013 年，雅虎将 AltaVista 关闭。而在 AltaVista 陷入动荡的这段时期，谷歌逐渐崭露头角，并通过简洁的搜索体验不断占领搜索引擎的用户市场。

雅虎作为美国著名的互联网门户网站，最终也淹没在了互联网发展的浪潮之中。这些曾经的互联网巨头是如何崛起、发展、成为巨头和陨落的，并不是本书讨论的重点。作为普通的网民，我们更关心的是我们存储在互联网上的文字、照片和音频数据是否能保存完善。

互联网行业就像是一个战火纷飞的世界，科技在发展、模式在改变，会有很多新的互联网公司出现，也会有很多老牌的互联网公司倒下。那么当一个互联网公司倒下的时候，作为其中的一名用户，你在使用该企业产品时所产生和上传的数据会何去何从？用户的个人数据很可能也会随着平台的关闭而丢失。或许你在一个社交平台上留下了一段文字，留给 10 年后的自己，但是 10 年后当你想去查看那段文字时，发现平台已经关闭，再也找不回那段文字了，多么令人遗憾。

　　仔细回想一下，似乎我们无法找到一个最理想的方式，来存储我们的时间胶囊。但是不要着急，区块链与分布式存储将解决这个问题，本书的第二章和第三章会详细阐述。

1.2　数据与价值的爆发性增长

1.2.1　新基建加速数字化进程

新基建从字面意思来看是指新型基础设施建设。新型技术建设融合新的科技成果，以实现社会新旧更替，推动社会各行各业步入数字化、智能化、高效化的基础环境。目前新基建主要包括5G 基站建设、大数据中心、人工智能、工业互联网等七大领域，覆盖诸多产业。

◇ 5G 时代

近几年，第五代移动通信（5G）成为社会讨论的热点话题，一方面，我国民营企业发扬了艰苦奋斗的精神，在 5G 领域取得了重要技术突破，有望引领全球新一代移动通信的发展。作为中国人，我们为之骄傲。另一方面，移动数据的需求呈现井喷式增长，现有系统已经逐渐无法满足需求，5G 的出现可谓久旱逢甘霖。

移动通信的想法最早是由美国的电信运营商 AT&T 提出的。相信读者们在小时候所读的课外书中，都了解过亚历山大 • 贝尔发明电话的故事，而 AT&T 正是由大名鼎鼎的电话之父贝尔于 1877 年创立的。不过由于当时的基础设施还不成熟，移动通信技术所适用的频谱还没有进入商用，移动产品直到 20 世纪 70 年代才正式定型。

现在基于第一代移动通信技术的产品已经消失匿迹，不过我们偶尔也会在电视剧中发现它的身影——大哥大。在那个时代，虽然大哥大体型笨重，仅限于语音通话而且经常因为异地的原因无法使用，但它却是财富和地位的象征。即使大哥大价格昂贵，依然受到了大老板们的热捧。

在随后的几十年时间里，2G、3G、4G 先后推出，移动产品也逐渐变得越来越小巧轻便。如今，进入 5G 时代，人们通过一部小小的手机就可以进行通话、发送短信，并且其承载了社交应用、短视频应用及各种手游，这大大丰富了人们的日常生活。

相比于 4G，5G 低延迟、覆盖广、强稳定等特点更加突出。举个例子，5G 的峰值传输速度在理论上比 4G 的传输速度快 10 倍以上，一部高清的电影可以在几秒内下载完成。

如果你认为 5G 只是在 4G 的基础之上更快，就太过局限了。5G 的出现让终端设备可以与节点服务器即时交互，不仅仅是手机、平板电脑等常规的移动产品，还有汽车、家电、手表等均可接入网络，实现万物互联。

◇ **物联网**

物联网可不是物流系统，而是物与物相连的互联网。物联网在国际上又称传感网，这是继计算机、互联网与移动通信网之后的又一次信息产业浪潮。

世界上的万事万物，小到手表、水杯，大到汽车、公寓，只要嵌入一个微型感应芯片，就可以实现智能化。再借助无线通信技术，人们就可以和物体互动。比如，智能家居，当你晚上下班进入家门时，灯会自动打开，同时基于当时的天气情况，空调会自动调节到适宜的温度等。

5G 时代的到来，将使这样的场景变得更加丰富。同时，5G 时代也将让物联网行业的应用进入更多场景，比如，智慧交通、环境保护、智能检测报警、疾病护理及食品溯源等。5G 与物联网的结合打开了想象之门，我们在科幻电影中看到的智能场景也将成为现实。更重要的是，随着终端设备越来越多，5G 为我们带来良好用户体验的同时，也催生了大量的现实行为数据。而这些数据，又将成为大数据分析和人工智能的食粮。

◇ **大数据**

大数据不只是海量数据，其核心意义是通过专业化处理，对海量数据进行分析，"尿布与啤酒"就是大数据分析当中的经典案例。

零售连锁巨头沃尔玛拥有世界级的数据仓库系统，为了能够了解顾客在其门店的消费习惯，沃尔玛对其顾客的购物清单进行了分析。如果互联网还没出现，那这几乎是不可能完成的任务。因为相关工作人员只能通过购物小票去统计信息，通过肉眼去寻找其中的规律，难度可想而知。正如前面我们所强调的，互联网的出现已经改变了人们的信息数据的存储和检索方式。

沃尔玛的数据库中记录了所有门店详细的原始交易数据，基于这些原始数据，沃尔玛通过数据挖掘工具对这些枯燥的数据进行了整理和分析。结果得出了一个意外的发现：与尿不湿一起购买最多的商品竟然是啤酒。也就是说，通常顾客在买尿不湿的时候也会把啤酒一同放入购物篮中。如果不是基于海量原始数据得出这一结论，人们很难将尿不湿和啤酒联系在一起。

为了验证这个结果，相关调查人员和分析师进行了有针对性的调查。他们揭示了"尿不湿与啤酒"这一现象背后的原因，即：在美国，去买尿不湿的通常是一些年轻的父亲，他们或许是被妻子叮嘱，下班后去购买一些生活必需品，其中就包含孩子的尿不湿；而他们在买尿不湿后又会顺便买一些他们喜欢的啤酒来犒劳辛苦一天的自己。当然还有一些其他的调查结果，比如，这种情况一般在周末出现，购买者主要以已婚男士为主，购买者喜欢看体育比赛并且边看比赛边喝啤酒等。

基于这个结果，沃尔玛美国的门店在摆放商品的时候，直接将尿不湿和啤酒放在一起。这样，不仅提高了尿不湿的销量，啤酒的销量也随之提高，从而销售额不断增长。

这个在大数据中的经典案例，实际上只是在数据关联性方面进行的一次基础尝试。随着5G时代的到来、物联网终端设备应用场景的增加，将诞生更为庞大的数据体量。而数据挖掘工具的持续优化，也将发掘更多有价值的信息，在决策上给予用户或企业更加精准的帮助。比如，在搜索相关信息时，网页会基于用户之前的浏览习惯，展示关联性很强的产品。虽然有时候这令人感到厌烦，但用户也因为越来越智能的大数据分析，享受到越来越便捷的服务。

1.2.2　数据价值和数据市场

在业界，有人把数据比作数字时代的生产资料，如石油。石油中蕴含着不同的烃化合物，通过提炼和加工可以将石油中的化合物分离，提取出汽油、柴油、煤油、燃料油及润滑油等。把数据比作石油是指在数据分析方面，我们可以将庞大的数据通过不同的分析模型得出各种可以应用到相关领域的结论。从这一点来看，数据和石油的确有共通性。

大数据分析是数据价值的一种体现，但这类数据的价值更偏向于企业，如用户上网时的浏览和搜索习惯。同时，在内容为王的潮流下，数据本身的价值也逐渐得到认可，数据（内容）可以直接作为一种商品。

◇　知识付费

随着互联网的发展，数据商品也变得越来越丰富，如文学作品、漫画、网络课程、电影视频等。各大小说网站、视频网站和学习网站等，就是基于数据商品化而衍生出的产业。专利制度的完善，也让越来越多的人愿意为高质量的数据商品或内容进行付费，比如，用户付费开通平台的 VIP，或对某个内容进行单独付费。付费，恰恰证明了数据是有价值的，并且已经开始形成规模和趋势。

在国内，随着人们生活水平的提高，社会上的竞争也越来越激烈。人们需要利用碎片化的时间来获取和学习各种知识和技能，比如，在上下班的地铁上，我们会经常看到有乘客拿着手机在恶补自身所欠缺的知识，这一点在一线和二线城市尤为明显。

知识付费是一种获得高质量信息服务的方式，内容提供者通过将个人知识或技能转化为相关的知识付费产品，包括视频、音频、直播、图文等，其他用户需要对其进行付费才能接收和查阅。

艾媒咨询发布的《2020 年中国知识付费行业运行发展及用户行为调研分析报告》显示，2020 年，中国在线学习用户中 88.8% 的用户购买过知识付费产品，46.8% 的用户每月花费 500～2000 元购买知识付费服务。而且超过 80% 的用户对购买的知识付费产品表示符合预期，会自然产生复购其他知识付费产品的欲望。

自 2017 年开始，中国知识付费行业迎来了快速发展的阶段。2019 年，中国知识付费市场规模达到 278 亿元。2020 年疫情期间，互联网各个产业，包括知识付费行业得到更加快速的发展。

纵观历史的发展，早期人类生存是最重要的事情。但随着社会生产力的逐步提高，生存需求得到保障，社会分工也越来越细。原本每个人都是生产力，需要直接参与基本生活物质的生产，如农耕、打猎等。但是现在体力劳动和脑力劳动已经实现分离，专业的人做专业的事情。在知识付费行业，相关垂直领域也越分越细，如医疗咨询、农业技术、金融分析、商业观点等。

社会分工越来越细是一种趋势，同时也会诞生更多的新兴行业和机会。如果你是一位内容分享者，那你也有机会在新的领域做自己的知识付费栏目，形成自己的 IP，享受时代发展的红利。

◇ **存储市场**

不管是知识信息还是用户的个人信息，在互联网上这些数据都被存储在硬盘上面。但是硬盘是不能直接与计算机交互的，还需要网络、文件系统和处理器等设备的支持。台式机的服务器机箱，就将这些必要的设施集合在了一起。

互联网上的数据体量往往非常大，台式机的存储资源明显无法承载一个大型知识付费平台的所有内容。因而，互联网企业或自建或租用数据中心来存储平台的数据。

数据中心即一个组织或单位用以集中放置通信、存储、计算等硬件设备的基础设施，与台式机的服务器相比，数据中心拥有更大的存储量和计算资源，同时配备安全可靠的机房环境。除了非常重要且不能对外的内部数据，企业都会通过自建数据中心来解决数据存储问题。一般情况下，企业会采用租赁的方式：一方面，租用的成本要比自建的成本低很多，且不需要聘请专门的团队来维护；另一方面，数据中心服务商可以提供更加灵活、弹性的服务，企业可以根据自身的业务量，随时改变租用的服务器规模。全球知名的云服务商包括亚马逊云、阿里云等。

数据的价值除了可以通过数字产品的定价和销售情况来衡量，事实上也可以通过存储规模来体现。不管是对于个人还是企业而言，一份数据有价值才会被存储，如果是无用的垃圾数据，那最好的方式就是将该数据删除。毕竟存储资源是需要消耗成本的，存储每一份数据都需要消耗资源。

举个例子，你要在沙漠中徒步三天，你只能用一个背包携带三天所必需的物品，你会带什么呢？背包就是存储资源的地方，而数据就是存储在背包里的物品，相信大家都会利用有限的空间来存储足量的水和食物。在那种恶劣的环境下，只有水和食物才有最有价值的。尽管每个人或企业的需求、身处的环境不一样，但是只要是在存储资源有限的情况下存储的数据，对其来说，所存储的数据都是相对而言最有价值的数据。

　　既然上述逻辑成立，那么我们也可以通过存储市场的发展情况来展示价值数据的增长情况。

　　根据 Data Bridge 的数据分析，预计 2027 年云存储市场规模将达到 2.722 亿美元，云存储市场复合增长率将达到 24.42%。但是 Visual Capitalist 的分析表明，随着 5G 时代的来临，2020—2025 年数据复合增长率将达到 275%。到了 2025 年，全球每天会有 463 EB 的数据产生，相当于每天产出约 2.1 亿张 DVD。

　　很明显，云存储市场的增长规模远远无法满足数据增长的需求。我们能做的，或许只有让更有价值的数据被存储，而尽可能移除无用的垃圾数据。经过长期筛选，在经济学的角度来看，互联网上存储的数据会趋向于价值更高的数据。如何对其进行妥善安全的存储，就成为行业亟需解决的问题。同时，这也带来了一个矛盾点，即如何判断数据是否有价值及价值的高低。

　　在很大程度上，用户将数据存储在互联网企业的数据中心当中，除了已经获得版权的数据，其他数据并不属于用户。企业很有可能会因为存储资源有限和维护成本高等情况，将用户的数据删除，由此带来的不公平体验也将成为困扰行业的一大问题。

1.2.3　科技进步带来的新问题

　　经济学上有一个术语叫作价格歧视，意思是同样的服务和产品，以不同的价格卖给不同的用户，以实现商业公司利润最大化的目标。通常情况下一个商家要实现价格歧视，需要有三个条件：第一，商家有能力了解每个消费者的购买意愿和能力，可以对每个人进行单独定价；第二，消费者对商品或服务的价格并不敏感，也无处得知该商品或服务的定价标准；第三，消费者之间是彼此独立的，一般情况下不会互通价格。

同时满足以上三个条件的情况比较少，如今的线下零售行业几乎是明码标价的，所有人看到的都是一样的价格标签。但是互联网行业不同，它可以通过大数据分析用户的消费行为，判断其是否是价格不敏感的用户。这样，互联网商户很容易就可以满足前两个条件，拥有所谓的"上帝视角"。另外，每个人的手机或计算机屏幕是分隔的，除非你刚好有个朋友也在浏览相关商品或服务，否则几乎无法判定这个价格是统一的标准价格，还是针对你个人的价格。

但是最近几年时间，关于"大数据杀熟"的新闻越来越多。有网友发现自己在订酒店、订机票及打车的时候，同样的商品和服务，使用不同人的手机显示的价格是不一样的。尤其是该平台的老客户，系统会根据其消费次数和之前购买商品的价格等，计算出"合理"的价格并提供给客户。但事实上，这个价格要比新客户的价格高一些。甚至还有网友测试后爆料，在打车时，同样的路程，使用苹果手机显示的价格要比安卓手机的价格高。

价格歧视可以说无处不在，在现实生活中，为了尽可能降低被价格歧视的可能性，人们会通过"货比三家"的方式来填补与商家之间的信息鸿沟。

◇ **隐私安全**

人脸识别是人工智能领域图像识别能力的一种延伸。随着人脸识别能力的不断增强，它已经逐步被应用到一些场景中，包括刷脸支付、刷脸进站、刷脸签到等。人脸识别的确带来了很多便利，很多人也开始幻想当人工智能时代彻底来临时，人们也将彻底从繁杂重复的劳动中解放出来。不过正如本节标题所写的那样，科技进步也同样带来了新的问题。

根据 2021 年 3·15 晚会的报道，一些国际知名品牌的汽车 4S 店、某卫浴品牌经营层，在消费者并不知情的情况下偷偷获取和利用了消费者的人脸信息。比如，某卫浴门店安装了数个摄像头，而摄像头的作用并不是为了防盗，而是对到访客户的数据进行采集并上传到云端。客户的数据会与原数据库进行配比，很快就能确认这个客户是否是新客户，曾经到过哪些门店，接收过哪些报价。系统将这些信息反馈给门店工作人员，后者根据信息对产品和服务给予不同的报价。不得不说，这也是一种价格歧视，并且发生在当事人并不知情的情况下。

Cookie（存储在用户本地终端上的数据）是埋下隐私危机的主要源头。当用户在浏览不同的网站时，服务器会先在用户的本地计算机上传一部分数据，Cookie 会记录用户的一些个人和行为数据，如"下次自动登录""打开网址仍显示当前页面"等。Cookie 的确提升了用户的互联网体验，但是一些隐私数据也被直接暴露给了其浏览的平台。所以遇上"大数据杀熟"情况，用户可以清理 Cookie 数据来应对。

◇ **数据垄断**

无论平台或商户主动获取用户的数据，还是用户将自己的数据上传到平台，这些数据如何存储和使用，其实都是由平台主观掌控的，而数据的所有人即用户本身并没有掌控权。尤其是互联网巨头，它们通过用户数据来修正自己的人工智能算法，提升了商品或服务的销售利润，但是并没有给数据的提供者分成。

更有甚者，直接将平台用户的个人数据出售，以获取利润。在 2021 年 3·15 晚会上，记者曝光了某些知名招聘平台的大量简历流向黑市：你可以通过某社交软件找到卖家，只需几元就可以买到一份求职者简历。简历上包括求职者的真实姓名、年龄、照片、联系方式、工作及教育经历等，这些全都属于个人隐私数据。如果这些数据流入不法分子的手中，求职者极有可能成为被诈骗的对象。

那么这些数据是如何泄露的呢？很明显这些简历不是求职者本人泄露出去的，那唯一的渠道只有招聘平台了。在这些招聘平台上，只需注册成企业账户即可下载简历。招聘平台并没有健全的审查机制，没有对企业账户的行为进行审查，一方面，这会带来更大的成本，另一方面，这可能会影响平台自身的收益，平台自然动力不足。互联网企业在数据上的垄断不仅局限于用户，还包括除了自身的其他企业。

数据是一种类似石油的资源，是有价值的。这一观点是本书一直在强调的一个重点。

2016 年 3 月，人工智能程序 AlphaGo 挑战世界围棋冠军李世石，以总比分 4∶1 的压倒性优势获胜。一时间人工智能轰动了整个围棋界和科技界，AlphaGo 背后的公司 DeepMind 名声大噪。不过，不管是普通人难以理解的深度学习，还是卷积网络等专业术语，人工智能的发展都少不了三要素：算法、计算和数据。人工智能更像是大数据分析的升级版，因而数据对于人工智能行业的兴起和发展来说至关重要。

很多人工智能创业型公司有能力开发出能够应用到相应产

业的人工智能算法或程序，但是苦于没有大量的数据对算法进行训练。即使想要买数据，也没有企业能够卖给它们。这背后的原因正在于大量的数据被互联网巨头所垄断，而它们并不会轻易地将珍贵的数据让给别人。

如果我们把目光投到人工智能行业就会发现一个特性，目前拥有领先的人工智能研发能力的只有谷歌、百度、阿里巴巴等巨头。这背后的原因是，这些企业通过自身强大的平台和用户量，将数据汇聚到了自己的数据中心。至于其为什么不会轻易将数据与行业分享，一是其具备应有的社会责任，不会将用户隐私数据暴露给外界；二是其需要通过人工智能的持续研发能力，不断高铸自己的"护城河"，占据头部位置。

采用这种战略对于企业本身似乎是正确的，但是对于整个行业而言，这将带来很大的局限性，也会大大制约人工智能行业的快速发展。这种现象更像是在闭门造车，每个企业都需要重复制造轮子，造成了行业资源的浪费。

以上种种科技进步带来的问题，其本质都是数据的存储、确权和流通问题没有得到解决。所以要想找到解决方案，还需要从其本质，也就是数据入手。

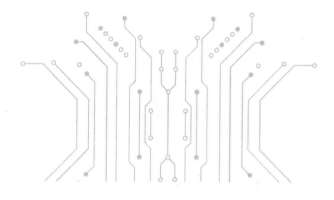

第二章

区 块 链

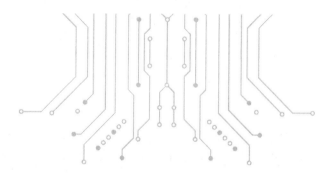

2.1 区块链的潜力

2.1.1 万亿市值的比特币

时代的发展正如滚滚车轮一般势不可挡，是谁在为这架马车提供源源不断的驱动力呢？19 世纪 70 年代贝尔发明了电话，让远在千里之外的人们能够相互通信。1946 年第一台通用计算机在美国宾夕法尼亚大学诞生，被大多数人称为计算机科学之父的图灵与被大多数人称为现代计算机之父的约翰·冯·诺依曼（John Von Neumann）等因在现代计算理论中做出的杰出贡献被世人所铭记。

人类文明前进的进程，是无数前人耗费毕生心血推动的。一批人逝去，另一批又在前人的基础上继续前进。你无法阻挡时代的进步，就如同你无法阻止 2009 年 1 月 3 日，中本聪（Satoshi Nakamoto）在芬兰赫尔辛基的服务器上开始正式运行比特币（BTC）程序一样。当天，中本聪"挖出"了比特币的创世区块（区块高度 0），获得了 50 个比特币的奖励，比特币网络由此诞生。

中本聪被视为比特币的创始人，没有人知道他是谁，他的背后到底是一个人，还是一个团队。自 2010 年将比特币核心代码权交付给他人之后，中本聪就音信全无，仿佛从世界上消失了。比特币的第二位参与者哈尔·芬尼（Hal Finney）也是一位充满传奇色彩的人物，他将一生都奉献给了代码，最终因患渐冻症而被冷冻起来，待医疗水平能够将其治愈后再进行解冻。这听起来就很科幻，而比特币的世界里从不缺少这样极具传奇色彩的故事。

2020 年下半年至 2021 年，对于比特币来说又是波澜壮阔的一段时期。

比特币作为一种新型的数字资产，自诞生以来就饱受争议。由于比特币在发展的初期价格涨跌幅度过大，很多国家为了保护民众的资产不受损失，纷纷出台各种政策对其加以限制。在全球范围内，民众几乎无法通过传统渠道交易比特币。如今，以灰度投资公司为代表的传统金融机构开始布局比特币，通过一种折中的方式，让比特币以传统的方式进入了主流视野。

灰度投资公司成立于 2014 年，2015 年被归并到新成立的数字货币集团（DCG）旗下。DCG 专注于数字资产和区块链的投资，同时也是一个初创企业的孵化器。2017 年，灰度投资公司的比特币信托基金开始爆发式增长，目前已成为全球最大的比特币信托基金之一。根据灰度投资公司公布的 2020 年投资报告，2020年第四季度，其在比特币上每周的投资额达到了 2.171 亿美元，一个季度的比特币投资规模就超过了 26 亿美元。在美国，机构用户直接投资加密资产会受到很多法律法规的限制，流程非常烦琐。灰度投资公司的加密资产信托产品相当于合规的证券，为机构用户投资加密资产提供了便利。

2021 年 2 月 12 日，Purpose Investments 推出的北美第一只

比特币交易所交易基金（BTCC），获得了加拿大金融监管机构的批准。2 月 18 日，该基金在多伦多证券交易所开始交易，以加元和美元计价进行发售。

传统主流机构对以比特币为代表的加密资产的认可不仅仅局限在投资领域，在支付领域，也同样获得了发展。2021 年 2 月 11 日，支付巨头万事达（MasterCard）对外透露，计划在 2021 年为商家提供数字资产支付选项，将使其客户的数字资产付款以加密方式在参与交易的商户中结算，这将是该公司首次实现这一功能。无独有偶，2021 年 2 月 19 日，万事达的竞争对手 Visa 宣布，其目前已经与全球 35 家数字资产平台或数字钱包达成合作，其中包括 Wirex、BlockFi 等经过许可和受监管的数字资产平台。

比特币作为金融与科技相结合的产物，自然也少不了科技大佬们的参与。漫威英雄钢铁侠的原型埃隆·马斯克（Elon Musk）也不止一次在个人推特上表达了对比特币的认可，甚至有一段时间他将推特头像更换为比特币漫画人物。马斯克旗下的电动汽车公司特斯拉在 2020 年还投资了 15 亿美元的比特币。

根据公开的数据统计，截至 2021 年年底，全球已有超过 24 家上市公司将比特币纳入它们的资产负债表当中，累计持有近 15 万枚比特币。直接持有比特币的公司与机构超过 40 家，持仓总量约占比特币流通总量的 6.27%。

全球范围内越来越多企业和机构的参与，也让比特币市值一路水涨船高，并于 2021 年年初突破万亿美元市值。比特币市值的增长极为迅速，对比之下，一目了然。科技领域的巨头突破万亿美元市值所需要的时间如下：谷歌用了 21 年，亚马逊用了 24 年，苹果用了 42 年，微软用了 44 年……而比特币只用了 12 年，目前跻身全球市值排名前 10（见图 2-1）。

Rank	Name	Market Cap	Price	Today	Price (30 days)	Country
1	Gold / GOLD	$11.085 T	$1,745	-0.14%		
2	Apple / AAPL	$2.257 T	$134.43	2.43%		USA
3	Microsoft / MSFT	$1.950 T	$258.49	1.01%		USA
4	Saudi Aramco / 2222.SR	$1.890 T	$9.45	-0.56%		S. Arabia
5	Amazon / AMZN	$1.712 T	$3,400	0.61%		USA
6	Alphabet (Google) / GOOG	$1.525 T	$2,267	0.55%		USA
7	Silver / SILVER	$1.392 T	$25.47	0.17%		
8	Bitcoin / BTC	$1.183 T	$63,413	4.52%		
9	Facebook / FB	$880.10 B	$309.76	-0.57%		USA
10	Tencent / TCEHY	$763.32 B	$79.94	0.87%		China

图 2-1　Asset Dash 的比特币全球市值排名

比特币是区块链第一款实例化应用，它将原本抽象的技术变得具象化，通过研究比特币，我们可以更好地理解区块链技术。

2.1.2　比特币与区块链

2008 年 10 月，比特币创始人中本聪发表了一篇名为《比特币：一种点对点的电子现金系统》的白皮书，对基于区块链技术的比特币进行了详细阐述，区块链也随着比特币走向大众视野。在各种科普文章中，我们可以看到各种各样对区块链概念的描述。但从本质上来说，区块链是一种去中心化、不可篡改且可追溯的数据结构和记账方式。

比特币作为创世的区块链应用，其背后的区块链技术是一类极为优秀的技术集合，在金融和非金融领域都得到了广泛的应用。中本聪是一个伟大的集成者，之所以这样说是因为比特币的很多核心技术并不是中本聪发明的，如点对点网络、算法、数据库、分布式架构、时间戳等，而中本聪巧妙地把它们结合在了一起，形成了一种新的数据记录、存储和展现方式。

可以说比特币中的所有技术都是围绕着现金系统的安全性打造的，有解决信道不安全、保证密钥传输安全性的公钥密码算法和哈希算法，有解决双花问题（拜占庭容错）的时间戳和 PoW 算法，有解决中心化系统不透明、通货膨胀问题的分布式点对点网络。

如图 2-2 所示，比特币系统分为 6 层，由下至上依次是存储层、数据层、网络层、共识层、RPC 层、应用层。

其中，存储层主要用于存储日志数据及区块链元数据，由文件系统和 LevelDB 构成。数据层用于处理比特币交易中的各种数据。

区块构成的链有可能分叉，在比特币系统中，节点始终都将最长的链条视为正确的链条，并持续在其后增加新的区块。

网络层用于构建比特币底层的点对点网络，支持多个节点的动态进出，有效管理网络连接，为比特币数据传输和共识达成提供基础的网络支撑服务。

共识层主要采用了工作量证明（PoW）的共识算法。在比特币系统中，每个节点都不断地计算一个随机数（Nonce 值），直到找到符合要求的随机数为止。在一定的时间内，第一个找到符合条件的随机数将得到打包区块的权利，这构建了一个工作量证明机制。

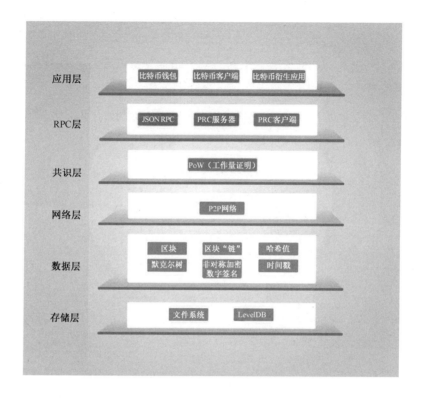

图 2-2　比特币系统架构图

RPC 层实现了 RPC 服务，并提供 JSON API 供客户端访问区块链底层服务。应用层主要作为 RPC 客户端承载各种比特币的上层应用，通过 JSON API 与比特币底层交互。

具体而言，区块就是一个个存储单元，每个区块记录了一段时间内全网各个区块节点的交流信息。如果我们把区块链看作一本书，那区块就是其中的一页。区块与区块之间通过随机散列（哈希算法）实现连接，后一个区块包含前一个区块的哈希值。随着时间的推移，新的数据不断被汇总打包到新的区块中。如图 2-3 所示，这就形成了一个链式结构，也就是区块链。

最早的时候很多人将比特币和 Q 币、游戏里的游戏币、国家法币等做对比，这些都是不准确的。因为比特币属于去中心化的系统，在本质上就与它们不同。比特币恒定的总量、释放规则、转账方式等全部由代码来实现，整体运作并非由某一个人或者机构所控制，而是全体参与者达成共识，按照比特币设定的规则运作。

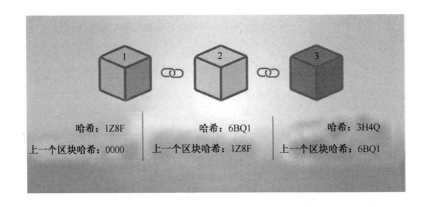

图 2-3　比特币链式结构图

◇ **具体的交易流程**

从比特币白皮书的标题我们就知道，中本聪要实现的是一种点对点电子现金系统。要实现电子现金系统，第一件事是确定现金的所有权。在线下，这种识别很容易，谁拿着那张纸币，那张纸币就是谁的；但在线上，没有实体货币，这种方法显然不行，因此比特币通过数字签名识别所有权，该方式与雅浦岛上确认货币所有权的方式有几分相似之处。

太平洋的雅浦岛上没有金属资源，岛上的居民从距离该岛约643 千米的帕劳岛上开采石灰岩，再把石头运回小岛作为资产使用。买卖双方在交易中决定买家使用多大的石头付费，如果那块石头太大，那么收款人（卖家）只需要在付款人（买家）的石头上做个标记，就可以把这块石头的所有权转移给自己，虽然石头可能依然放在付款人的家中。

◇ 比特币在网络中的存在形式是一个数字签名链

在交易时，原所有者 A 在该数字签名链的末尾加上新所有者 B 的公钥（实际是公钥的哈希），并广播至全网，来完成比特币所有权的转移。就像雅浦岛的居民在石币上做个标记就完成了石头所有权的转移一样。也就是说，比特币数字签名链上最新的公钥是属于谁的（拥有与公钥对应的私钥），这笔电子现金就是谁的。具体交易流程如图 2-4 所示。

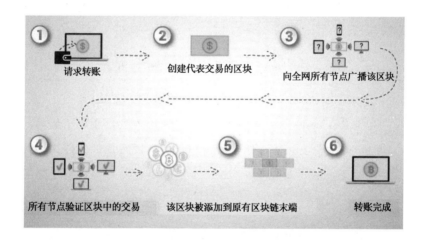

图 2-4　交易流程图

（1）原所有者对全网广播自己的交易，即提出交易申请。

（2）网络中的共识节点根据交易手续费选择其愿意纳入自己区块的交易。同时，为了在和其他节点竞争时获得最终打包区块的权利，节点都会利用自己的计算资源去解一个数学难题。

（3）参与共识的节点将自己打包的交易连同难题的解和解出难题的时间戳广播至全网。

（4）节点会验证从其他共识节点发来的区块中的交易，以及难题的解。由于节点贡献了自己的硬件资源进行计算和账本记录，最先解出难题的节点会获得"区块奖励"，其中就包含了一定量的比特币。

这也就说明了比特币并不是凭空铸造的，而是通过成果打包区块（交易数据）一点点挖出来的。

（5）在其他节点确认其正确性后，就会承认这一新的区块，并将其纳入自己的区块链上，继续解下一个难题。经过这一系列的程序后，B 的地址中会接收到来自 A 的比特币。

（6）本轮交易完成，继续打包其他交易、解下一个难题。

一般情况下，比特币每个新区块的产生时间为 10 分钟左右，且为了保证交易的安全性，经历 6 个区块后才会真正确定交易的有效性。相对于支付宝、微信等支付工具，比特币如果作为支付工具，其支付过程太过漫长。这一点的确是比特币被诟病最多的一点，但是其整个系统的安全性是毋容置疑的。

如果有人想要破坏规则怎么办？既然是代码，似乎就会有某个黑客通过技术手段来窃取比特币，或者利用漏洞给自己凭空增添大量的比特币。

如果比特币是一个存放在某个服务器上的系统，那么没有人能够保证这个系统不被黑客入侵。但是，如果比特币的运行系统存放在世界各地的服务器上，所有的数据信息都被存储在相同的情况下呢？

黑客如果只攻击某一个服务器，入侵了里面的数据库并进行了篡改。这起不了任何作用，因为网络是相互连接的。当所有服务器进行交互发现某一处或几处服务器数据不一样时，所有服务器都会默认占比最高的数据是正确的数据。服务器（节点）的数量越来越多，黑客攻击的成本也会越来越大，因为需要攻破至少超过半数的服务器并篡改，才能够达到目的。这绝对是一笔难度极高且得不偿失的买卖，没人会那样做。

但是存放比特币的应用是中心化的，如一些钱包和安全系统等级不高的交易所。目前行业中比较多的盗币事件，也都来自钱包和交易所。比特币系统本身是绝对安全的，运行十多年以来还没有出现黑客将其攻破的情况。比特币所采用的是非对称加密技术，只要持有者保存好自己的私钥，基本上可以保障资产安全。

在 A 给 B 转比特币的案例中，整个过程没有第三方机构参与，也没有烦琐的流程。此外，因为比特币的匿名性，别人只会知道比特币从哪个地址转到了哪个地址，但是并不清楚地址背后是谁。因而在比特币诞生的早期，有不法分子通过比特币进行暗网交易。这也让比特币与违法犯罪活动联系在了一起，但是要明确一点，比特币只是一种创新的支付系统，它本身并没有善恶之分。比特币具备很多类似黄金的属性，如易携带、易切割、总量恒定、通货紧缩等。在互联网新时代，行业内有诸多观点认为，比特币有望成为黄金等资产的替代品。

总结一下比特币的特点。

> 🔹　开放共识。任何人都可以参与区块链网络，每一台设备都能作为一个节点，每个节点都允许获得一份完整的数

据库拷贝。节点间基于一套共识机制，通过竞争计算共同维护整个区块链。任一节点失效，其余节点仍能正常工作。

- 多中心协调。区块链由众多节点共同组成一个端到端的网络，不存在中心化的设备和管理机构。节点之间的数据交换通过数字签名技术进行验证，无需互相信任，只要按照系统既定的规则进行，节点之间不能也无法欺骗其他节点。

- 透明、隐私保护。区块链的运行规则是公开透明的，所有的数据信息也是公开的，因此每一笔交易都对所有节点可见。由于节点与节点之间是去信任的，因此节点之间无需公开身份，每个参与的节点都是匿名的。

- 不可篡改、可追溯。单个甚至多个节点对数据库的修改无法影响其他节点的数据库，除非能控制整个网络中超过 51% 的节点同时修改，这几乎不可能发生。区块链中的每一笔交易都通过密码学方法与相邻两个区块串联，因此可以追溯到任何一笔交易的前世今生。

2.1.3　共识机制

行为经济学表明，人们在经济活动中往往是非理性的，比如在股市中"追涨杀跌"。综上所述，人性是复杂的，容易受到影响，在决策过程中考虑自身利益可能导致损害集体利益。对于像比特币这样的公共区块链来说，它是一个去中心化的自治组织，通过引入各种共识机制来促进个人之间的相互合作，共同维护项目的健康发展。

共识机制并非区块链技术独有，在人们日常生活中也极为常见。比如，所有的人和车辆都按照交通规则行走和行驶，这就是一种共识。共识可以来自规则、经验，或由利益驱动。区块链设置共识机制让参与的各个节点按照规则来验证信息，确保系统的安全性且无需中介背书。

◇ 时间戳

时间戳是传统共识系统中给交易排序的一种便捷方式。在使用现金支付时，我们把一张纸币先给了谁，那张纸币就是谁的，因此同一张纸币我们无法用两次。

在比特币这个去中心化、去信任的系统中，很大一部分的技术手段都服务于解决双花问题，以此来保护比特币作为一种加密资产的安全性——它自身的一个价值。为了解决双花问题，中本聪在比特币白皮书中提出了时间戳服务器和 UTXO+签名机制的解决方案，并辅以工作量证明和最长链原则，在没有第三方机构的情况下，保证比特币资产不被多次使用。

◇ 工作量证明

工作量证明是在将新交易添加到区块链账本时必须满足的一个要求。在基于工作量证明机制的区块链网络中，节点通过计算随机哈希散列的数值解来争夺记账权，能够快速获得正确的数值解来生成块是节点计算能力的具体体现。

工作量证明机制具有完全去中心化的优点，节点可以基于工作量证明机制的共识自由进出区块链。但同时，由于块时间和确认交易所需的区块数量，可扩展性很低（即每秒确认交易的数量）。比特币网络使用工作量证明机制来产生新的比特币。

在通过参与共识机制得到比特币的过程中，我们需要找到其相应的解，而要找到其解，只能靠计算机随机的哈希碰撞。一台参与共识的硬件设备每秒钟能做多少次哈希碰撞，就是其算力的代表，单位为 Hash/s。算力可以简单理解为计算能力。节点所掌握的所有占比特币全网总算力的百分比是多少，它在区块记账权的竞争中能够获胜的概率就是多少。

举个例子，如果比特币现在全网的算力是 10000，而某个共识节点拥有 100 的算力，该节点每次竞争记账成功的概率就是 1/100。成功抢到区块记账权的节点负责记账，并将账本信息同步给整个网络。作为回报，节点将获得系统新生成的比特币奖励。

在加密资产市场，很多投资机构对数字资产都非常感兴趣，同时也带来了这个领域硬件设备的不断升级和迭代。参与比特币共识的硬件设备就经历了 CPU（中央处理器）、GPU（图形处理器）、FPGA（现场可编程逻辑门阵列）、ASIC（专用集成电路）这一系列迭代升级过程，最明显的特点就是算力和难度不断增加，功耗、成本不断降低。

CPU 是计算机的重要组成部分，用于解释计算机指令及处理计算机软件中的数据，其主要模块包含控制单元、存储单元和运算单元（ALU）。在 GPU 加入工作量证明的计算之前，使用个人计算机也可以参与比特币的共识过程。

CPU 和 GPU 的主要区别在于，GPU 模块包含更多的 ALU，致力于计算能力。2010 年，一个名为 Artforz 的共识节点是第一个使用个人 OpenCL GPU 成功实现工作量证明的节点。这导致了一个或多个高端显卡组装设备的出现，其主板可以插入多个 GPU，以提供更好的计算能力。但 GPU 挖掘也存在着成本高、散热困难等问题。

2013 年 3 月至 5 月，是 FPGA 活跃的时期。FPGA 是一种可编程的逻辑电路，类似半成品的电路板，被广泛应用于通信行业。当用 FPGA 进行运算的时候，需要将逻辑写成硬件代码并烧入固定。FPGA 的好处是可定制化，功耗低。但是缺点也较为明显，即研发成本高且不容易批量生产。FPGA 在比特币的历史上只存在了很短暂的时间，就被 ASIC 代替了。

ASIC 设备最早在 2013 年开始出现并逐步占领市场，比特币的 ASIC 硬件设备是应用了自研芯片的计算设备。ASIC 的特点是功耗低、效率高、可量产。ASIC 在通过规模效应来摊低成本的同时，也为工作量证明的硬件厂商筑造了坚固的"护城河"，造成了行业垄断。

随着比特币价格上涨，同时为了获得比特币，越来越多的人参与比特币记账权的竞争，全网算力难度呈指数级上升，强烈的竞争导致了交易费相对较高。因为共识节点通过完成工作量证明获取比特币奖励，所以人们一般会选择计算能力强的硬件设备且多台设备一起运行。

由于计算资源本身也非常耗电，这就导致共识过程会耗费大量的电力资源。据统计，为了能获得比特币奖励而消耗的电量已经占到 2019 年全球用电量的 0.33%，这已经超过奥地利全国的用电量。这也是比特币一直被诟病的地方，消耗了太多的资源。不过正是这种巨大的消耗，让作恶者根本无法从算力层面攻击比特币。

除了工作量证明机制，数字资产领域还衍生出了权益证明机制（PoS）和股份授权证明机制（DPoS）等更为环保、高效的共识机制。

PoS 简单来说就是生态参与者通过质押所拥有的数字资产争夺记账权，区块链网络将根据质押资产的数量和时间给予共识奖励。用户质押的资产越多、时间越长，获得的收益也就越多，有点类似在银行存款，收取利息的模式。

PoS 的优点是不需要像 PoW 那样购买硬件设备，自然也不会产生资源损耗的成本。这使得交易的可扩展性有所提高，交易的确认时间和交易费有所下降。但是这也会带来一定的风险：一是，一旦区块链项目发展遇上瓶颈或者失败，那么该数字资产的市值就会降低，而网络参与者获得的利息也有可能无法覆盖市场下跌带来的损失；二是，对于整个区块链项目而言，PoS 的安全性相对 PoW 也较低。

DPoS 是在 PoS 基础上发展起来的一种共识机制，其公式类似于董事会投票，即所有股东对公司决策进行投票。基于 DPoS 的区块链，其去中心化依赖于一定数量的节点代表，而不是所有的用户。

在这类区块链中，所有节点投票选出一定数量的节点代表，这些节点代表所有节点确认出块，保证系统正常运行。同时，区块链中的所有节点都有随时解散和任命代表的权利。如有必要，所有节点都可以投票取消当前节点代表的资格，重新选举新的代表，从而实现实时民主。DPoS 可以大大减少参与验证和记账节点的数量，从而实现几秒内完成共识的验证。

拜占庭容错（BFT）是指一种能够抵抗由拜占庭将军问题引起的一类故障的特性。这意味着即使一些节点产生故障或遭遇恶意操作，BFT 系统也能够继续运行。

拜占庭将军的问题有不止一个可能的解决方案，所以有多种方法来构建 BFT 系统。类似地，区块链有不同的拜占庭容错方法，这导致了所谓的共识算法。图 2-5 为共识机制比较图。

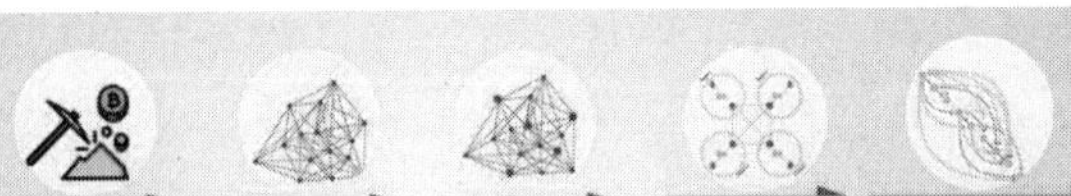

	PoW	PoS	DPoS	BFT	有向无环图DAG
能量消耗	高	低	非常低	非常低	非常低
每秒交易数	7~30	30~173	2.5~2500	100~2500	180~7000
交易费	高	低	低	非常低	无
结构	去中心化	去中心化	去中心化	去中心化	去中心化
实例	比特币	达世币	比特股	恒星币	IOTA

图 2-5 共识机制比较图

区块链的共识机制随着新区块链系统的诞生而不断演化，以适应不同的应用场景。在具体分析区块链的应用场景之前，还需要对区块链整体的发展有一个较为系统性的认识。

2.1.4 区块链的应用

区块链在应用层面主要分为三个层面，包括公有链、联盟链和私有链。公有链是本书中讨论最多的区块链，包括比特币、以太坊及 Filecoin 等，其特点是不需要获得许可，也不需要把真实身份做任何映射即可使用，整个网络数据全球透明，没有准入门槛。

从 2013 年开始，中国人民银行（简称央行）对数字货币的监管政策明显收紧，对数字货币发行和交易进行了严格管制。但同时，央行、中华人民共和国工业和信息化部（简称工信部）等相关部门均在鼓励区块链技术与金融、贸易、医疗等领域的融合。

2016 年国务院印发了《"十三五"国家信息化规划》（以下简称为《规划》）。《规划》中提到，到 2020 年，"数字中国"建设取得显著成效，信息化能力跻身国际前列。其中，区块链技术首次被列入《规划》。中华人民共和国国家发展和改革委员会（简称发改委）、中华人民共和国科学技术部（简称科技部）等部门相继出台政策，将区块链纳入新基建，大力推动区块链技术和产业发展。

在国家政府的鼓励下，央企及各个领域头部企业纷纷探索区块链的商业落地，而这类区块链相较于公有链存在一定的准入门槛。这类区块链一般由行业里的机构、企业和政府组织的联盟发起，在联盟框架里建立账簿同步和交易清结算网络，称为联盟链。

◈ **联盟链的发展**

公开资料显示，截至 2020 年 12 月底，由国务院国有资产监督管理委员会（简称国资委）直管的 97 家中央企业中有 54 家涉足区块链领域，占比接近 55.7%。在知识产权方面，截至 2020 年 12 月底，以中国航天科工、国家电网、中国联通、中国移动等为代表的 32 家企业累计申请区块链相关专利 1084 项，授权专利 94 项。

在国内疫情的"防疫战"中，区块链也发挥了巨大的作用，其主要解决的问题包括社会环境的大数据监控与溯源及数据账本公开与社会资源调控等。超过 20 个协助疫情防控工作的区块链相关应用上线，类型涵盖了身份管理、信息确认、供应链金融、信息采集确认等场景。

建设"区块网格"机制。 区块网格机制是指基于区块链技术完善网格治理手段，以实现信息存储和追溯，落实主体责任，强化责任意识。原始基础数据的准确性为以后的数据分析奠定了基础，也是最终进行科学合理判断的前提。

建设"区块互联"的数据共享机制。区块互联是在区块网格的基础上，构建以区块链为基础的数据交换体系，交换、共享医疗资源、各类物资供给、交通、社区等跨部门信息。能够在突发性公共事件中，通过大数据对实际情况进行科学精准的施策。

建立具有权威公信力的统一信息发布平台。在区块网格和区块互联机制的基础上，我们需要进一步依托区块链，建立一个具有权威性和公信力的统一信息发布平台。区块链作为"信任机器"，具有信息存储和可追溯功能，从技术上讲，它可以通过各级新闻媒体为公众提供可信的信息来源和权威的信息材料。

2.1.5　区块链的局限性

目前，在政策和市场的双重激励之下，区块链得到了空前的发展，但是区块链并不是解决所有问题的万能钥匙。

◈ 不可能三角

在 2002 年，Lynch 和 Gilbert 发表的论文从理论上证明了 CAP 理论。CAP 理论指出，在一个分布式系统中，一致性（Consistency）、可用性（Availability）和分区容错性（Partition Tolerance）这三项特性中最多只能满足两项。类似地，区块链也存在不可能三角：可扩展性（Scalability）、去中心化（Decentralization）、安全性（Security），三者只能得其二，如图 2-6 所示。

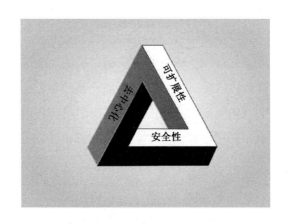

图 2-6　区块链中的不可能三角

可扩展性：在区块链领域，TPS（系统吞吐量）通常被用来衡量公链系统的性能，即每秒公链能够处理的交易或消息数量。

安全性：为了获得网络的记账权，需要在共识机制的设计中锚定现实世界的资产，例如，工作量证明机制锚定的是计算资源，而权益证明机制锚定的是资产的流通性。

去中心化：拥有大量参与区块生产和验证的节点。在一般情况下节点的数量越多，去中心化程度也就越高。

比特币区块链更侧重安全性和去中心化，在可扩展性方面表现较差。中本聪最初并没有限制区块大小，最大可以达到 32MB。由于项目刚刚启动不久，平均被打包的区块大小为 1~2KB，有人认为区块过大容易造成计算资源的浪费，还容易发生 DDOS 攻击。因此，区块大小临时被限制在 1MB 以下。

比特币平均每十分钟产生一个区块，每秒可以处理 7 笔交易。在比特币的发展初期，用户较少交易量也低，这样的交易效率还能够被接受。但是到了 2013 年下半年，比特币的市场热度开始高涨，用户体量越来越大，比特币网络拥堵、交易费用上升的问题才逐渐涌现出来。为了能够让自己的交易消息被快速打包，用户往往需要支付昂贵的手续费，吸引共识节点将其交易消息进行打包并快速上链（用户支付的手续费包含在区块链奖励之中）。

◇ **共识分裂**

公链项目作为开源的去中心化项目，主网一经上线便相当于交付给了社区，但在运行的过程中往往会产生问题，需要对整个系统进行升级。但是公链的升级不像中心化软件升级那么简单，涉及的利益相关者众多，如共识参与者、交易所、加密资产持有者等。

比特币作为加密资产市场的龙头，全球超过上千名开发者在为其贡献代码。为了解决比特币 TPS 过低的问题，各种与比特币扩容相关的改进方案被提出，似乎只需要选择一个方案就能立刻执行。但现实情况远远没有那么简单，因为这涉及分叉。

分叉分为两大类。一类分叉是对区块链当前的状态没有达到共识而产生的临时性分歧，这种分叉叫 State Fork。例如，有两个共识节点同时挖出了新的区块，在同一个共识机制下，其他节点都认为这两个区块是合法（最长合法链）的，因此导致一部分节点延续其中一个区块继续记账，另一部分沿着另一个区块继续记账。这完全是一种随机的选择。这时，就有人利用这种临时分叉，利用算力优势故意做出分叉，进行分叉攻击（Fork Attack），使得另一条链上的交易变得不合法，做到双花（Double Spending）。

另一类分叉是对区块链协议有异议，从而产生分歧，叫作 Protocol Fork。然而，在一个去中心化的系统里，要对系统协议进行修改或升级并不是一件容易的事情。每个节点是自由独立的，没有办法保证每个节点都会接受并更新这个新的协议。之后，根据对协议内容修改的不同，Protocol Fork 又分为硬分叉（Hard Fork）和软分叉（Soft Fork）。两者最大的区别在于修改后的内容是否能被使用旧协议的节点认为是合法的，或者说新协议的执行是否和旧协议发生冲突。

分叉分为软分叉和硬分叉。软分叉和硬分叉的不同之处在于，新协议仍是在满足旧协议的基础上提出来的，并不会产生冲突，也就是旧的节点并不会感知到区块链代码发生改变，使用旧协议的节点仍会认为新协议的区块是合法的。所以新旧节点仍然处于同一条区块链上，对整个系统的影响也就较小。旧节点会继续接受由新节点创建的区块，共识节点可能会在其完全没有理解或验证过的区块上进行工作，软分叉与新旧节点双方始终都工作在同一条链上。这一点使节点不需要更新升级硬件设备即可继续参与共识。

在比特币历史上真实地发生过五次软分叉，分别是 BIP-34、BIP-65、BIP-66、BIP-9、BIP-16；硬分叉则更加简单粗暴，节点需要切换到新的链上参与共识，技术难度相对较低，比如，直接更改比特币区块的大小限制。

这里有一个具体案例。由于交易量的需求，比特币区块大小经常被认为不能满足当下的交易吞吐量。一部分人要将区块容量从 1MB 扩充到 4MB，并发布了一个新的比特币版本，这部分节点成为新节点。然而，同时有人认为比特币网络在同步数据的时候对带宽的压榨不严重，不同意扩充容量，他们就会继续使用旧版本软件，这部分人掌握的节点就成为旧节点。在产生分歧后继续参与共识，就会导致新节点用新协议继续进行工作量证明，旧节点对新节点挖出来的区块不认可，认为其区块是非法的（4MB>1MB），也就不会将这些区块加入区块链中。这时也就不存在哪条是最长合法链的问题，因为两条分叉的链之间根本看不到彼此。既然分叉之前是一条链，也就是一种通证，那么分叉之前共识奖励产生的通证对两条链都会认可。所以，硬分叉对于投资者而言，可以在无风险的情况下增加一种通证的收益。但是与此同时，硬分叉会给社区造成一定的不稳定性，使部分节点摇摆不定，负责计算的硬件设备更新，提升了节点的共识成本。

举一个火车提速的例子便于大家进一步理解二者的区别：软分叉是指通过给火车更换更好的发动机提速，不用更换铁轨，原来的旧火车仍能在轨道行驶；而硬分叉是直接将火车升级为磁悬浮列车，更换铁轨，更换火车和动力装置，以达到火车提速的目的。

在区块链领域让社区陷入热议的分叉一般都是硬分叉，因为硬分叉一旦产生，社区和共识参与者将面临选择的问题，是继续用原有链，还是切换到新链？越是成功的区块链项目，其利益相关者越多，很难达成共识，也就极容易产生新旧链同时运行的结果，如 BTC 和 BCH、ETH 和 ETC、BCH 和 BSV 等。

所有属于公链的区块链项目，其代码本身就是开源的，大家都可以在前人的基础上，再开发更加符合市场环境和商业落地的区块链网络。正如在某一个行业中，如果出现多位竞争者，在一定程度上有利于推动这个行业快速发展。

◇ **智能合约层面的不足**

智能合约从本质上讲是一种技术手段，是一种运用得当可以提高生产力的工具，可以被应用到生产生活的方方面面。但智能合约并非神兵利器，无往而不利。事实上在当前阶段，智能合约也暴露出了一些问题。

例如，代码漏洞导致资产受损。基于区块链构建的智能合约，平台底层的安全性是有所保障的。但是由于智能合约还处在发展实践阶段，在规则制定和代码实现上依然不够成熟。如早期的 The DAO 盗加密资产事件和近期的 COVER 通证增发事件，都是代码协议出现漏洞导致的。

此外，还有专门研究各类智能合约的团队，利用业务逻辑漏洞"薅羊毛"，也给项目方和社区造成了一定的伤害。目前的解决方案是由第三方安全审计机构，在智能合约代码发布前进行审计。但要想保证智能合约无懈可击，还需要更多的实践经验。

◇ **TPS 不足导致大规模商用受限**

区块链存在不可能三角的局限，这一度使区块链难以走向大众。在业务量较大时，基于以太坊的应用，用户需要付出昂贵的手续费，消息才能够被区块打包、上链，不利于广大用户的参与。

任何新兴技术的发展在早期都不是一帆风顺的，区块链作为新一代互联网的基石正逐步走向成熟，技术壁垒正在被不断涌入的开发者逐一攻克。相信在不久的未来，智能合约将成为新网络时代规则的制定者。

区块链目前的情况就像 20 年前社会精英聚在一起讨论互联网的情况一样。在国内，北京、上海、深圳、杭州、成都等几个主要城市每周都会有好几场关于区块链的线下会议。为什么现在很少有人讨论互联网了？一是互联网已经深入人们日常生活的方方面面，大家对其已经非常熟悉；二是互联网的各个领域都已经是一片红海，普通创业者很难有立足之地。就像共享经济，它能够杀出一片天，耗费了巨额的补偿激励。但是，区块链不同，行业还处在发展阶段，基础设施还未完善。不管是商业应用，还是底层技术，都有值得探索的地方。这在数据存储层面尤为显著，区块链将发挥更大的作用。

2.2　区块链的发展脉络

区块链最初的应用就是在以比特币为代表的数字资产方面的应用。我们在开篇就已经用大量篇幅来描述数据的重要性了，而存储交易数据的比特币网络可以说是最为极端的案例。比特币的区块一直在增加，但即使从比特币诞生的第一个区块开始叠加至今，整个比特币所有的历史交易数据大小也仅有 300 多 MB。但是我们可以看到，目前比特币的市值已经超过了万亿美元。比特币网络经受住了时间的考验，并且作为一种不可逆的应用，比特币就像一棵繁茂生长的大树，可以让更多人看到它，认可它、模仿它。

谈起比特币的起源，就要先从为比特币的诞生提供基础理论的密码朋克谈起。20 世纪 80 年代，随着民用加密通信的兴起，西方民众对于通信的基本隐私需求越发强烈，这也激发了当时计算机极客（Geek）在这方面的探索。

被大多数人誉为数字货币革命之父的大卫·乔姆（David Chaum）于 1982 年发表了一篇关于盲签名技术（Blind Signatures）的论文，其中就包含了一种在网络上匿名传递资产的方式，并将其命名为 eCash。但是 eCash 并不是一种数字资产，它是一种可以将传统货币完全数字化并在网络上自由、匿名传递的方式。图 2-7 为比特币大事件，可以帮助我们更好地梳理区块链的发展脉络。

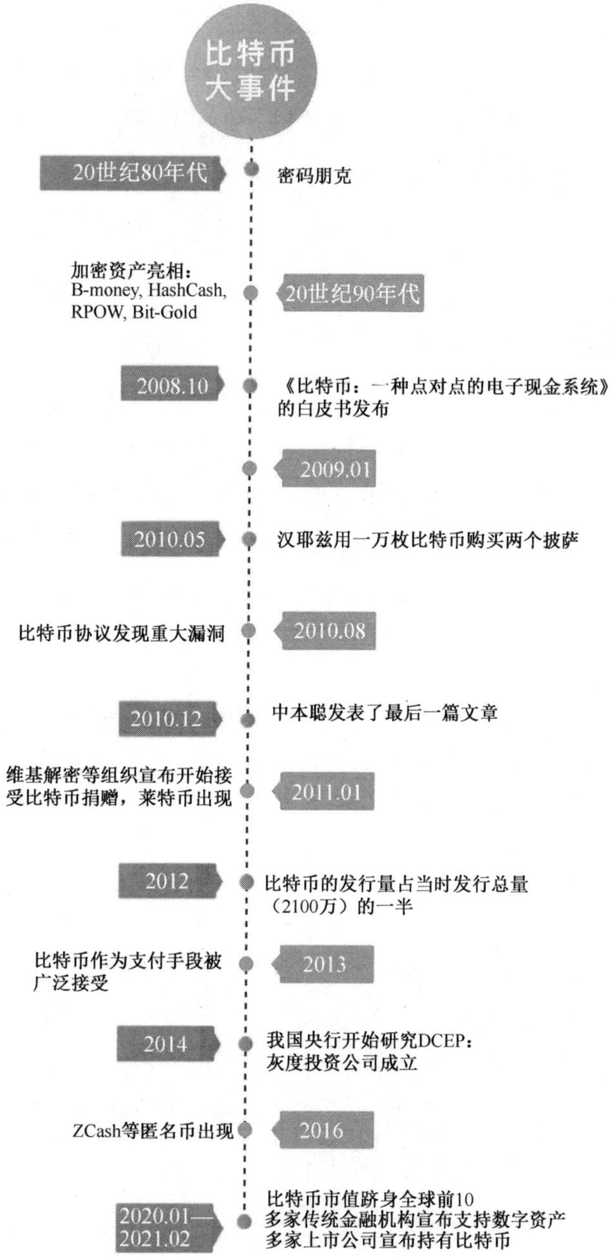

比特币大事件

20世纪80年代	密码朋克
加密资产亮相: B-money, HashCash, RPOW, Bit-Gold	20世纪90年代
2008.10	《比特币:一种点对点的电子现金系统》的白皮书发布
	2009.01
2010.05	汉耶兹用一万枚比特币购买两个披萨
比特币协议发现重大漏洞	2010.08
2010.12	中本聪发表了最后一篇文章
维基解密等组织宣布开始接受比特币捐赠,莱特币出现	2011.01
2012	比特币的发行量占当时发行总量(2100万)的一半
比特币作为支付手段被广泛接受	2013
2014	我国央行开始研究DCEP;灰度投资公司成立
ZCash等匿名币出现	2016
2020.01—2021.02	比特币市值跻身全球前10 多家传统金融机构宣布支持数字资产 多家上市公司宣布持有比特币

图 2-7 比特币大事件

基于乔姆的理念和思想，蒂姆·梅（Tim May）作为最早的密码朋克运动的发起人之一，于 1992 年建立了加密的密码朋克邮件列表。密码朋克运动一经发起，便很快吸引了一大批来自世界各地的密码学家、程序员和数学家的参与。但是成员之间仅通过电子邮件进行项目交流，很多人彼此之间从未见过面。

密码朋克的信条是通过密码学构建一个自由、不受监控的世界，其成员不仅讨论数学、密码学、计算机科学及哲学等话题，还将他们的作品以开源的形式让全球用户免费使用。他们对互联网的贡献是毋容置疑的，他们创造的技术和架构很多都成为现在互联网价值传输的底层协议。密码朋克的成员还包括维基解密创始人朱利安·阿桑奇（Julian Assange）、Facebook 创始人之一的肖恩·帕克（Sean Parker）、BTT 下载的作者布拉姆·科恩（Bram Cohen）等。

在比特币发行之前，世界上已有存在多种不同的 eCash 技术和产品。其中，以 HashCash、b-money、BitGold，以及在 HashCash 技术上发展的 RPOW 较为有名，蕴含了 PoW 的重要思想。当戴维和尼克·萨博（Nick Szabo）正分别各自规划 b-money 和 BitGold 时，哈尔·芬尼（Hal Finney）提出了 RPOW：一种基于 IBM 可信平台模块硬件和远端证明的新形态 HashCash。RPOW 的特色在于可重复使用，虽然控管权集中，但发行者没有通胀压力。 在萨博最初的 BitGold 构想中，包括了利用以市场为基础的机制来控制通胀。此外，包括拜占庭将军问题在内，萨博也钻研了其他的分布式资产登记授权方式。

上面提到的通胀压力、拜占庭将军问题及分布式资产登记授权方式都潜移默化地渗入后来者比特币的设计中。

2008 年 10 月，中本聪在密码朋克邮件列表发布了比特币白皮书《比特币：一种点对点的电子现金系统》。不过在当时大师云集的密码朋克社区，很多人对中本聪这个名不见经传的成员并不在乎，自然也只有极少数人关注了比特币。

知名的计算机科学家芬尼可能是除了中本聪，在比特币诞生之初的最大贡献者。有人猜测，在中本聪将比特币白皮书发布到密码朋克邮件列表之前，芬尼就已经开始帮中本聪审查和完善比特币的底层代码了。

芬尼与中本聪的关系，被后来的数字资产行业的从业者比作电话的发明人贝尔与其助理华生的关系。中本聪在 2009 年 1 月 3 日运行比特币程序参与 PoW 共识后，在 1 月 11 日将 10 枚比特币发送给了芬尼，这是历史上比特币的第一次转账行为。正如 1876 年 3 月 10 日，电话的发明人贝尔因为不小心被酸溶液溅到，通过刚设置好的电话机向自己的助理华生寻求帮助。只不过一百多年前是信息的传递，而一百多年后是价值的传递，但都具有开创性。

芬尼在比特币正式运行后不久，也下载了比特币客户端，并通过邮件与中本聪进行交流，指出比特币运行时的不足。在那段时期，中本聪运行的比特币节点就像夜幕中唯一的一颗星星，孤独却又明亮。在随后的一段时间里，芬尼与计算机极客纷纷加入这一行列，逐渐在夜幕中洒满星辰。

最初比特币交易的价格由 Bitcoin Talk 论坛上的参与者协商决定。2010 年 5 月 18 日，一位名叫拉斯洛·汉耶兹（Laszlo Hanyecz）的程序员在 Bitcoin Forum 发表了一篇帖子，表示希望用一万个比特币换取两份 Papa John's 的披萨。4 天后的 5 月 22

日，一位密码学爱好者趁商家优惠，花了 25 美元购买两份披萨寄给了汉耶兹，并成功获得了这一万个比特币。这是比特币第一次从网络上走到了现实生活中，并完成了支付行为。因而比特币爱好者为了纪念这一历史性时刻，将每年的 5 月 22 日标记为"比特币披萨节"。

2010 年 8 月 6 日，比特币协议被发现存在重大漏洞，交易在被记录于区块链之前并没有经过完整验证，让使用者可以绕过比特币经济模型的设定，制造出无上限的比特币。8 月 15 日，这个漏洞被恶意利用；在一笔转账交易过程中产生了 1.84 亿个比特币，并被分别发送到比特币网络上的两个地址。不到一小时，这笔异常交易就被发现，并在漏洞修复后将其从交易记录上删除，整个网络也更新为新版的比特币协议。

2010 年 12 月 5 日，在维基解密泄露美国外交电报事件期间，比特币社区呼吁维基解密接受比特币捐款以打破金融封锁。中本聪表示坚决反对，认为比特币还在摇篮中，禁不起冲突和争议。12 月 12 日，他在比特币论坛中发表了最后一篇文章，提及了最新版本软件中的一些小问题，随后不再露面，电子邮件通信也逐渐终止。随着比特币在极客圈子越来越受到追捧，比特币也开始有了一些模仿者，如莱特币。美籍华人李启威（Charlie Lee）于 2011 年基于比特币的代码做出了一些改动，比如，总量设置为比特币的 4 倍、出块时间也由比特币的 10 分钟一个区块改为了 2.5 分钟一个区块，交易的确认速度提升了 4 倍等。在社区中产生了"比特金，莱特银"的口号，但从本质上来说，莱特币只是在比特币代码的基础之上对一些参数做了调整。

2011 年 1 月，比特币交易价格突破 1 美元。维基解密、自由网、自由软件基金会等组织宣布，开始接受比特币捐赠。

2012 年 11 月 28 日是一个里程碑时刻，比特币的发行量占发行总量（2100 万）的一半。

2013 年，比特币价格突破 1000 美元。比特币作为支付手段被广泛接受。域名注册网站 Namecheap 开始接受比特币支付；芬兰的 HTML5 软件开发公司 SC5 开始尝试支付员工比特币，将其作为工资的一部分；加拿大的一名男子欲以比特币出售其占地 3.6 英亩的房子。

整个加密数字资产市场百花齐放。各国政府也不得不开始关注数字资产的发展，一方面，大幅度的涨跌和无明显价值支撑的数字资产可能会导致投资者遭受重大损失；另一方面，比特币及匿名币的发展可能会加剧互联网违法交易行为。

2013 年 12 月 5 日，央行等五部委发布《关于防范比特币风险的通知》，明确比特币不具有与货币等同的法律地位，其不能且不应作为货币在市场上流通使用。因而在本书的描述中，在讲述比特币、莱特币及其他币的时候，我们将其统称为数字资产，而不是数字货币。

真正可以称为数字货币的，是由国家相关机构发行的数字货币，如由国务院批准计划发行的法定数字货币 DCEP。央行从 2014 年就开始研究数字货币了，经过 6 年多的发展和研究，于 2020 年 4 月开始进行内测。

DCEP 是人民币的数字形式，是由央行发行，具有国家信用背书和有法偿能力的法定货币，这也是其与比特币等数字资产的本质区别。虽然社会中已经有支付宝、微信等便捷支付方式，但是 DCEP 可以满足更多的支付需求。比如，在断网情况下依然可以进行支付交易，在偏远地区可以发挥巨大作用，有助于推动无现金社会的发展。

比特币等数字资产的出现，更多的是符合自由、自治的理念，因而在其发展上，匿名性得到了技术开发者的青睐。

比特币原本就存在一定的匿名性，比如你给对方发送了一笔比特币，但是在网络当中只显示了转账和收账的地址，并不能直接看出这个地址的持有者是谁。不过，一旦将地址和持有者锁定，通过区块链网络就可以查到持有者的所有交易信息。技术极客希望进一步增强数字资产的匿名性，于是 2016 年相继出现了 ZCash、门罗币和 Dash 等采用不同匿名技术的匿名币。

2020 年 11 月，比特币市值达到 3000 亿美元，全球市值排名第 20。超越了美国家居建材零售商家得宝（Home Depot）、威瑞森电信（Verizon）和贝宝（PayPal）。

2021 年 1 月，比特币市值升至全球市值资产前 10，超越伯克希尔·哈撒韦公司和主要支付网络 Visa。

区块链在数字资产领域主要用于记录交易信息，并且交易过程无中间机构的参与，通过去中心化的方式保证数据的真实性、有效性和安全性。那么，区块链技术是否可以引申到更复杂的业务中呢？

2.2.1　可编程区块链

支付宝如今已成为人们日常生活中主要的支付工具，但是支付宝在最开始的时候只是为了做第三方担保，让淘宝上的买家和卖家可以放心交易。在淘宝创立之初，网站的浏览量也不小，但是就是没有实际交易。其中的核心问题就是买家怕卖家收到自己的汇款后不发货，卖家也怕买家拿到货后不进行转账。于是，买家和卖家因为彼此之间不信任，交易始终无法达成。但是有了支付宝后，买家看中了某件商品就把钱汇给支付宝，卖家将商品快递给买家，买家确认商品没有问题后，支付宝再把钱打给卖家。这样，买家和卖家即使不认识也能够实现交易。

支付宝的背后仍然是一个中心化的机构，那么如果去除了这个中心化的机构又该如何实现支付呢？

伴随着 2014 年以太坊的出现，智能合约逐渐被圈内人熟知，又因为近些年 DeFi（去中心化金融）的火热，智能合约的应用也得到了极大的推广。但早在约 1994 年，计算机科学家尼克·萨博就提出了智能合约的概念，即一份智能合约是一套以数字形式定义的承诺，包括合约参与方可以在上面执行这些承诺的协议。

我们可以举个简单的例子，比如，A 和 B 两个人打赌并以 100 元做赌注，结果 A 赢了，但 B 不认账，A 只能独自郁闷。现实生活中这样的例子数不胜数，正如在程序员世界有一个共同的认知：相对于自动化程序，人是不可信的。

如果 A、B 二人通过区块链的智能合约来打赌，双方需要同时在智能合约中放入 100 元的资产，智能合约会根据结果自动执行，将胜利者的本金和赢得的奖励返还给胜利者。在这个过程中无须担心有人会抵赖，也不需要拉入一个如支付宝这样的第三方仲裁，最大限度地减少意外情况的发生，同时还能够减少成本。

从本质上讲，智能合约就是一套以数字形式定义的承诺，由代码定义也由代码强制执行，见行了"代码即法律"的信条。因此智能合约的优势就在于高确定性、防篡改、无法干预，自动化程序的效率可以显著提高。区块链的去中心化、可溯源、防篡改等特性与智能合约天然契合，而智能合约也开拓了区块链技术的新应用场景。

保险行业的一个痛点就是信任问题。保险公司会耗费巨大的人力物力对保险人的保险材料进行核查，避免出现骗保等恶意欺诈行为，造成损失。而保险人也会时刻怀疑我所购买的保险会不会以各种理由拒保。在这种情况下，智能合约可以使保险的流程部分自动化。保险机构可以将保单写成智能合约并上链，当满足具体的执行条件时，保险合同可以自动执行，这样就会减少双方由于信任问题带来的成本损耗。

在疫情中，区块链技术可以在一定程度上解决集体物资的分配问题。物资始发地、走向、滞留地，以及分发情况都可在链上实时记账，数据多点存储，并向社会公布。从技术上来讲，区块链的本质是跨越信任边界，在不同的信任主体之间，分布式地实现共识或同步状态的一种机器。当我们有了这样一种技术化的制度之后，再配合智能合约，就形成了一个非常有效的制度环境。

区块链结合大数据所具有的大数据量、多种结构化数据类型、快速处理和分析数据的特点，传统物资分配中的常见问题，如合理性、公平性、时效性，都可以通过区块链大数据和智能合约得到解决。

供应链是一个非常复杂的系统，以计算机生产供应链为例，各个零件来自不同的供应商，涉及繁杂的交易手续。受传统纸质合同的限制，整个交易流程会有许多人经手，容易出现失误或者欺诈等现象，而通过智能合约就可以向各方提供一个安全透明的数字版本，交易任务可以自动执行。同时，将智能合约与物联网相结合，还能够对供应链中的层层环节进行高效监控，降低额外的风险。

隐私和数据的泄露一直是我们关心的问题，寡头利用个人的隐私数据谋取利益成为一种固有的商业模式，但是数据的所有权应该归属于个人。制定完善的智能合约可以使个人可以管理和控制自己的信息，决定是否将隐私数据授权公司使用使其获取收益。还可以通过智能合约将不同链上的数字身份信息整合起来，打破数据孤岛，创造出独特的身份体系。

2.2.2　区块链 3.0 蓄势待发

回顾区块链十余年的发展，2009 年至 2013 年数字资产的繁荣发展让区块链得以进入大众视野，这是行业共识的区块链 1.0；2013 年至 2017 年智能合约的出现打开了区块链在商业应用领域的想象空间，这是区块链 2.0。区块链 3.0 正在开拓，也就显得比较模糊。区块链在跨链技术、存储能力、可扩展性等多个层面都取得了重大突破，未来可期。区块链发展进程如图 2-8 所示。

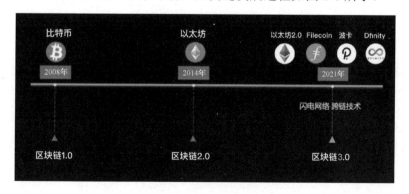

图 2-8　区块链发展进程

区块链的跨链技术是要打破区块链与区块链之间的隔阂，让数据可以自由流通于整个生态网络，起到一个网关的作用。例如，比特币原本只能在自己的网络中流通，但是可以通过技术手段和相关协议让比特币也可以在以太坊的网络中流通，这就带来了区块链在金融领域的可扩展性。另外，从更大的层面来说，每一种区块链的设计都是为了解决工业、农业、交通、政务等某一个领域的数据存储问题。如果跨链技术得以推广，那么存储于不同区块链之间的数据也可以交互流通，这将进一步扩大区块链的应用场景。

最早的跨链是以比特币的闪电网络为代表的侧链技术，主要的目的是希望比特币的交易确认速度能够达到日常消费的水平。闪电网络的核心思想是将本来在链上结算的小额高频交易放到链下进行，每隔一段时间进行一次汇总，并将结果放到链上。

举个例子，A 开了一家超市，B 每天都会去 A 的超市买东西。B 使用的是比特币，但是由于比特币网络的效率很低，待交易最终确认需要 1 个小时，如果网络拥堵，则等待期可能会延长到几个小时。如果真的那样，B 想吃一顿午餐，恐怕要等到晚上才吃得到。于是 A 基于比特币的闪电网络开启了一个与 B 之间特有的支付通道，B 在这个支付通道内的个人账户里锁定了一定量的比特币，每次去超市买东西时都会通过这个支付通道进行付款，比特币立刻就会进入 A 的通道账户当中。

一个月后，A 和 B 进行结算，即 B 在这个月总共消费了多少比特币，如 0.01 个比特币。那么最终记录在比特币网络上的就是 B 给 A 支付了 0.01 个比特币，但是中间到底发生了多少次交易、每笔交易的金额是多少并不会记录到网络上。

简单概括就是，闪电网络将大量的比特币微支付记录放到比特币区块链的链下进行，最终只把关键结果记录到比特币区块链上。闪电网络的确扩展了比特币的应用场景，但是由于社会环境的复杂性，较为简单的方案并不能适应所有的情况，比如 A 和 B 之间出现纠纷。所以，一般就需要在闪电网络的通道中设置一系列的惩罚措施和保证金，以维护交易者之间的利益。

跨链和侧链都是旨在拓展区块链在数据流转方面的能力，但跨链比侧链的应用范围更加广泛。波卡（Polkadot）、COSMOS 等与其他区块链进行交互的跨链协议开始在行业内大放异彩。这里主要介绍一下在市场上最受追捧的波卡。

波卡的创始人是一位出生于 1980 年的英国人加文·伍德（Gavin Wood），在当前的加密资产行业，这个名字可以说是无人不知，无人不晓。和很多计算机领域的大师一样，伍德很小就对计算机编程产生了兴趣，并且表现出了天赋。2005 年，伍德在约克大学获得计算机博士学位。

2013 年经朋友的介绍，伍德与以太坊创始人维塔利克·布特林（Vitalik Buterin）相识。很显然，伍德被以太坊构建可编程区块链的理念所打动，继而与布特林携手参与了以太坊的开发。伍德在当时是以太坊的联合创始人兼CTO，完成了以太坊的PoC-1，以及以太坊黄皮书的撰写。他还发明了面向智能合约的编程语言 Solidity，并开发了以太坊最早的 C++版本客户端 cpp-ethereum 等，对以太坊的早期贡献不可谓不大。

不过随着对区块链的理解不断深入，伍德也产生了新的想法，即让各自独立的区块链能够进行交互和通信。伍德不仅是一位计算机领域的天才，同样也是一位执行力极强的领导者。2016 年离开了以太坊的伍德就推动完成了波卡的白皮书，2017 年完成了首次融资。

中继链（Relay-chain）和平行链（Parachain）是波卡最重要的架构设计。具体而言，平行链是平行于波卡网络的区块链，根据不同的业务需求独立设计自己的架构，就像一个集团公司旗下有不同的子公司分别负责不同的业务。而中继链连接着波卡网络，就像一个信息处理站在保证安全可信的情况下，协调着各个平行链（子公司）之间任意数据形式的通信。

通过这样的方式，基于波卡创建的原生区块链可以很轻松地实现与其他链之间的信息交互，这属于同构跨链。因此，如果波卡想要与比特币、以太坊等区块链进行交互，就属于异构跨链了，而异构区块链就需要转接桥来协助实现。举个简单的例子，安卓手机的充电口和苹果的是不一样的，要想实现安卓充电线给苹果手机充电，就需要一个合适的转接头。这个转接头就是波卡网络的转接桥，而比特币、以太坊等区块链对波卡来说是一种特殊的平行链。

波卡网络可以有多个中继链，每个中继链又有多个平行链。随着生态的不断繁荣，波卡会形成一个越来越错综复杂的网络。这也打通了所有区块链之间的信息阻碍，实现了区块链之间的跨链通信。试想一下，如果你是一家互联网平台的用户，你注册的个人信息在加密的情况下可以平移到其他平台，那将多么便捷，至少同样的认证资料不需要重复提交了。

跨链技术让区块链的数据具备了可以自由流转的条件，数字资产可以实现链与链之间的价值传递，但是区块链在数据存储方面的能力依然受到不可能三角理论的限制。

　　以 Filecoin 为代表的区块链分布式存储技术也借鉴了跨链的思想，既然区块容量有限，那就将数据存储在链下节点，通过一系列的证明机制将链下数据"存储"到链上。具体的实现方式，会在本书的第三章进行详述。

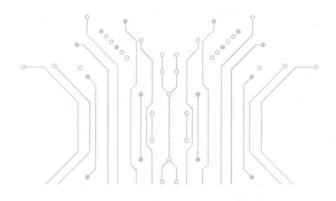

第三章

区块链与分布式存储

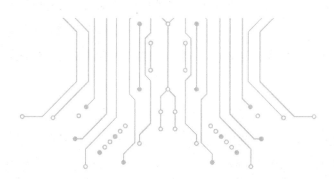

3.1 承载人类文明的数据基建

3.1.1 分布式系统

分布式系统发展至今已有数十年，那么分布式系统到底是什么？实际上分布式系统并没有标准的定义。分布式系统一般的呈现方式是将硬件或软件分布在不同的网络计算机，彼此间通过消息传递进行通信及协调，正如疫情期间的分布式办公，员工虽然不在公司，但是依然能够在不同的物理地域通过社交软件或办公软件与其他同事协作，共同完成任务。

分布式系统同样如此，其将业务模块分布在多个处理单元上，各个单元进行协作，共同完成任务。当某个单元计算或存储资源有限，无法完成相关业务时，也可以灵活对其进行扩展，比如增加显卡或硬盘，通过横向扩展提高业务能力。

分布式系统在企业应用中尤为广泛，并且数据层面的分布式系统是主要的应用方式。分布式系统可以执行多样化业务，其中分布式存储为最具代表性的大型分布式业务，也是本书讨论的重点。在阐述分布式存储之前，我们先对用户更为熟悉的集中式存储进行阐述。

集中式存储的一大特点是其集中性，完整的存储单元集中在中心化系统中。话虽如此，但并不意味着集中式存储只需要一个单独的设备，而是集中于一整套系统当中的多个设备，如图 3-1 所示。目前，大部分互联网企业级存储设备使用集中式存储的结构，所以一般情况下企业的存储系统拥有多个机柜，放置在办公场地的专有房间（机房），同时对其环境的要求颇高。

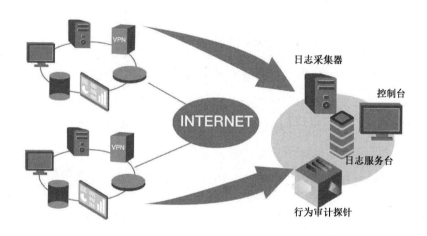

图 3-1　集中式存储示意图

此架构下的系统同样包含组件集，如控制器、磁盘阵列、交换机等，但不同的存储架构同样都需要作为机器管理的辅助设备。此存储模式硬件层通常包含机头，其中包含互备的多个控制器，主要是避免硬件故障带来的宕机风险。作为核心部件，存储系统的主要功能都在该部件下实现，其前端端口为用户提供存储服务，后端端口为存储系统扩容，所以数据需要通过统一的入口即机头处理。

从分布式存储系统结构来看，分布式存储种类较多，如分布式文件系统、分布式块存储、分布式对象存储、分布式数据库、分布式缓存等。按数据类型，又可以分为"非结构化数据"（如常规文档）、"半结构化数据"（如 HTML 文档）、"结构化数据"（如依赖关系数据库），所以不同类型的数据需要不同的分布式存储系统。

关于数据存储后的数据定位，后文将展开详细的描述。以Filecoin 为代表的区块链分布式存储网络，通过一致性哈希的方式定位数据。一致性哈希将设备处理成哈希表（可以理解为一个数组），根据数据名称计算出唯一哈希值，将其映射到哈希表的某个位置，从而实现数据定位。

数据分配的均匀性及数据可迁移性很重要，一致性哈希将磁盘划分为多个虚拟分区，每个虚拟分区是哈希表上的一个节点，如图 3-2 所示。在计算出数据的哈希值后，其着落于哈希表的某个分区，通过 Merkle Tree（默克尔树）的数据结构，我们必然能够以最短路径找到一个节点，这个节点就是存储数据的位置。

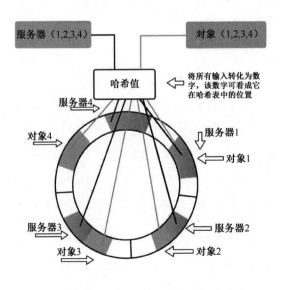

图 3-2　一致性哈希虚拟分区

分布式系统与集中式系统的不同之处。

- 数据跟踪。在集中式存储网络中，只要信息通过单点服务器即单个中心点，便可以轻易跟踪数据流动路径，同时可以跟踪到数据本身。但在分布式存储网络中，由于多个设备同时充当数据的存储服务器节点，跟踪数据流的难度呈指数级增长，在这种情况下，用户可以从多个位置访问给定的信息集。

- 隐私保护。相较集中式存储网络，分布式存储网络可以提供更强的隐私性，在个人数据资产比重越来越大的现状之上，这是切身痛点。在此网络环境下，个人在线数据行为不便跟踪，当然这也带来了一个潜在问题，即关于数据的网络伦理问题。

- 故障容错。当数据在传播路径上处于单线通路时，集中式存储网络的单点故障带来的数据风险极大。基于正在实施的备份系统，服务器托管的失败可能导致大量数据丢失，使人们难以在给定的时间访问数据。相反，在分布式网络连接的情况下，单个接入点的故障永远不会使人们无法访问网络中存在的数据。分布式存储网络中存在多个节点，使人们可以访问信息，并降低因各种问题带来的无法访问数据的风险。

- 可扩展性。当所有核心程序位于单个服务器中时，集中式存储网络的扩展性普遍存在瓶颈。随着对网络连接的需求的增加，需要考虑增加更多的存储和带宽及提高处理能力。分布式存储网络的体系结构允许在多台计算机上分配工作负载，而不是将其限制在一个地方。

⊃ 网络中立性。集中式存储网络给用户带来了较多不便。
如互联网服务提供商允许自身主观规范数据的种类和询
问信息的速度，愿意支付更多费用的用户才能享受更好
的互联网连接。

总之，分布式存储具备扩展性、弹性、敏捷性、易用性、成
本可控等特点，从理论层面来看，分布式存储仿佛是完美的，但
理论到实际需要一个漫长的过程。目前市场上的分布式存储系统
仍有中心化风险，因为从本质上来说，分布式存储市场由中心化
机构或企业搭建。只有将区块链与分布式存储相结合，才能充分
发挥分布式系统在各个方面的优势。

3.1.2　IPFS 星际文件系统

通常人们谈起创业，对其评价都是九死一生。据统计，创业
1 年的成功率是 1%，创业 3 年的成功率是 0.2%，换句话说，有
一万家创业企业同时创立，1 年后只剩下了 100 家企业存活，3
年后只剩下 20 家企业存活。成功率如此之低，让很多有梦想的
创业者心惊胆战、望而却步。

但与之形成鲜明对比的是，拥有斯坦福大学背景的创业者其
成功率在全球大学里名列前茅。这其中就包括惠普、谷歌、雅虎、
耐克、NVIDIA、思科及 LinkedIn 等公司的创始人，这也为硅谷
的形成和崛起奠定了坚实的基础。

斯坦福大学的建校与美国产业革命和高等教育改革同期，其
天然肩负了这样的历史使命，在成立之初就具有敢于承担风险的
创新创业精神，以人类文明进步为最终利益，积极发挥大学的作

用，促进社会福祉。

"使所学的东西都对学生的生活直接有用，帮助他们取得成功"，斯坦福大学鲜明的办学宗旨自上而下得到贯彻。还记得"让5 美元在两个小时之内变成 5000 美元"的经典故事吗？这只是斯坦福大学无数种激发学生创新精神的课程内容之一。

基于校风，斯坦福大学的学生积极踊跃地参与校内创新创业。学生在学业之余积极组织和参与相关的课外活动，斯坦福大学允许教授在硅谷拥有自己创立的公司或在各个公司兼职，学生也可以在各个公司实习和就业。

2012 年，墨西哥人胡安·贝纳特（Juan Benet）毕业于斯坦福大学，并获得计算机硕士学位。此时的胡安只有 24 岁，但是由于受到斯坦福大学创业精神的影响，在校期间他就开始了自己的创业之旅，包括与伙伴共同创办 Loki Studios 和 Athena。

我们如今处在互联网时代，人们每天花费大量的时间在互联网上，工作、娱乐、社交等数据的上传和下载都要基于 HTTP（HyperText Transfer Protocol），即超文本传输协议。其是一种详细规定了浏览器和万维网服务器之间互相通信的规则，是万维网交换信息的基础，它允许将 HTML（超文本标记语言）文档从 Web 服务器传送到 Web 浏览器。

HTTP 是个伟大的发明，它让互联网得以快速发展。但 HTTP 以明文方式发送内容，不提供任何数据加密的方式，如果黑客截取了 Web 浏览器和网站服务器之间的传输报文，就可以直接读取其中的信息。因此，HTTP 不适合传输敏感信息，如信用卡卡号、密码等支付信息。

网景公司在 HTTP 的基础上加入了 SSL 协议实现了 HTTPS。

SSL 是用于对 HTTP 传输的数据进行加密的协议，依靠证书来验证服务器的身份，并为浏览器和服务器之间的通信加密。

虽然 HTTPS 有很大的优势，但依旧存在不足之处。

- ➲ TCP 报文段的交换过程比较费时，页面加载缓慢，导致耗电量增加。

- ➲ 连接缓存不够高效，会增加数据开销和功耗。

- ➲ 加密范围比较有限，在黑客攻击、拒绝服务攻击、服务器劫持等方面几乎起不到作用。

除此之外，随着互联网的发展，HTTPS 逐渐显示出其他不足之处：服务器中心化且成本很高；Web 文件经常被删除，也就是说，你收藏的页面在下次打开时可能已经找不到了；高度依赖易受外界因素影响的互联网主干网，导致宕机等。

基于 HTTP/HTTPS 的不足，贝纳特萌生了大胆的想法——为何不创建一种新的协议，补充 HTTP/HTTPS？

2014 年 5 月，贝纳特主导的 IPFS 项目立项，并拿到了美国著名创业孵化器 Y Combinator 的巨额投资。贝纳特同步成立了协议实验室（Protocol Labs），该团队的大部分成员都是其斯坦福大学的校友。协议实验室发展到今天，旗下已经有 IPFS、Filecoin、libp2p、IPLD、Multiformats 等独立的项目，如图 3-3 所示。

IPFS 的全称为 Inter Planetary File System，即"星际文件系统"。通常可以把 IPFS 解读为点到点的分布式文件系统，它是基于内容寻址的新型超媒体传输协议。IPFS 的功能与 HTTP/HTTPS类似，但将点对点网络的架构特点加入其中。

图 3-3 协议实验室项目集

IPFS 的出现让 HTTP/HTTPS 存在的问题得到了解决，因为在不再依赖主干网和中心化服务器的同时，IPFS 通过一个文件系统将网络中所有的设备连接了起来，让存储在系统上的文件，在全世界任何一个地方都可以快速被获取，且不受防火墙的影响。

IPFS 能改变 Web 内容的分发机制，使其去中心化。IPFS 从本质上改变了数据查找的方式，这是它最重要的特征。使用 HTTP/HTTPS 查找的是 IP 位置，而使用 IPFS 查找的是内容本身。

在 IPFS 系统中，文件及数据具有唯一性。该系统对内容定义加密的是唯一的哈希值，哈希运算过后生成的地址是唯一且不可篡改、不可删除的。所有的文件和数据分散在许多节点并加密，黑客无法进行大面积攻击，从而保障文件和数据完整、安全。

总之，IPFS 具有成本低、高效性、安全性、永久性、隐私性等特征，拥有改变互联网数据使用方式的基因，最有可能补充甚至替代当前的 HTTP/HTTPS。

3.1.3　Filecoin 的分布式存储

Filecoin 是基于 IPFS 与区块链构建的去中心化存储网络，通过算法规范存储市场。与比特币等区块链相比，Filecoin 让区块链具备了存储大规模数据的能力，通过证明机制和奖惩措施来保障数据存储的安全性和有效性。

Filecoin 与 IPFS 都是存储系统，但 Filecoin 在 IPFS 基础之上结合区块链的特性实现激励，通过区块奖励激励存储服务商提供存储与计算资源。

Filecoin 项目于 2017 年完成了 2.57 亿美元的融资。参与 Filecoin 的投资方包括红衫资本、斯坦福大学母基金、数字货币集团等，这些投资方在 Filecoin 的发展道路上也提供了不少帮助。Filecoin 通过了美国 SAFT 监管审查，Filecoin 的通证被视为证券，具有合法性。

分布式系统是复杂的，其没有中心机构的管理，依靠算法、共识机制、经济奖惩来维持运行的分布式系统难度更大。好在历经三年多的开发及多次大规模测试，Filecoin 主网在 2020 年 10 月 15 日正式上线，其运行至今虽然出现了一些问题，但都得到了较为妥善的解决。

Filecoin 生态系统中的参与者主要有存储服务提供者、开发者、用户及通证持有者等。纵观计算机行业的发展史，存储网络从来没有一经推出就是完美的，都要经历不断迭代和优化。Filecoin 也不例外，即使主网已经启动，也仍需要开发者的维护。目前对 Filecoin 负责的主要开发者，正是协议实验室。但随着 Filecoin 生态的持续扩张，未来的 Filecoin 将彻底交付给社区，由社区决定 Filecoin 系统的迭代方向。

那些对数据具有存储和检索需求的互联网用户，可以通过支付 Filecoin 通证，存储自己的数据或者将需要的数据从 Filecoin 网络中检索出来。未来 Filecoin 要想取得更好的发展，很大程度上在于其用户体量。为此，开发者需要持续对 Filecoin 的存储与检索程序进行优化，让用户享受更加舒适的操作体验。而基于 Filecoin 网络向用户提供服务的，就是 Filecoin 的存储服务提供者。

正如比特币的服务提供者贡献自己的计算硬件资源那样，Filecoin 网络的存储服务提供者贡献的是存储资源及相对少量的计算资源设备。Filecoin 存储服务提供者贡献存储资源来存储数据，而 Filecoin 网络会根据存储服务提供者贡献的存储资源占全网总存储资源的比例，给予其区块奖励。

Filecoin 的存储服务提供者可以说是 Filecoin 网络最重要的参与者之一，因为未来能否吸引更多的用户使用 Filecoin 网络来存取数据，就在于 Filecoin 存储服务提供者能否提供高质量的服务。比如，如果一个用户将自己珍爱的照片存储在 Filecoin 网络当中，而刚好存储这些照片的存储服务提供者因为某些原因从 Filecoin 网络撤出了存储资源，那么这名用户存储的照片就无法找回了。正如前文提到的丢失的时间胶囊那样，也不会有人再信任 Filecoin 的存储网络。

为此，Filecoin 经过周密的设计，将各种证明机制与经济模型中的奖惩机制相关联，以保证用户存储的数据按照用户的需求进行存储。图 3-4 为 Filecoin 扇区数据存储过程。

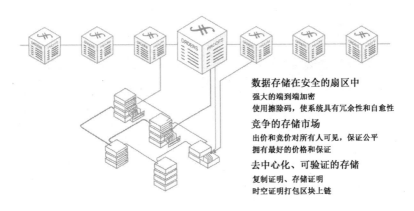

图 3-4　Filecoin 扇区数据存储过程

◇ **复制证明**

复制证明（Proof-of-Replication，PoRep）是一个新型的存储证明，验证存储服务提供者是否按用户的"合同"要求存储了相应文件。在传统存储行业，Sector（扇区）是指硬盘的最小存储单元。在 Filecoin 网络，Sector 也指存储单元。比如，Filecoin 网络的 32GB Sector 和 64GB Sector 都是 Filecoin 的存储单元。存储服务提供者节点通过完成 Sector 的封装，实现算力的增长。

Filecoin 存储服务提供者完成 Sector 数据封装的过程，也是完成复制证明的过程。整个过程包含四个阶段：第一阶段 preCommit1（预密封 1），消耗 CPU，根据算法将数据分成若干 256KB 进行存储，耗时若干小时；第二阶段 preCommit2（预密封 2），消耗 GPU，生成 Merkle Tree，实现数据目录（DHT）的生成，以便提供检索，耗时几十分钟；第三阶段 Commit1（密封 1），消耗 CPU，是重要的过渡阶段，只需数秒；第四阶段 Commit2（密封 2），消耗 GPU，要做 zk-SNARK 实现时空证明的前置动作，耗时数分钟。

完成了复制证明后，Filecoin 存储服务提供者会获得有效算力的增长，通过有效算力占全网的比例获取"贡献存储"奖励。复制证明还能有效防止存储服务提供者的作弊行为，如女巫攻击、外包攻击、生成攻击等。

◇ **时空证明**

复制证明能够证明存储服务提供者存储了相应的数据，但是如何保证存储服务提供者按要求存储了足够长时间的数据呢？时空证明（Proof-of-Spacetime，PoSt）的作用就是检查存储服务提供者是否在某一段时间存储着数据。在 Filecoin 网络当中，系统会在一天 24 小时中每半小时（共 48 次）向存储服务提供者发起挑战。如果存储服务提供者的确还存储着相应的数据，那么存储服务提供者可以通过提交时空证明来证明。如果存储服务提供者没有顺利完成时空证明，如断网、断电、设备故障等情况发生，那么存储服务提供者会因此遭受惩罚。这部分惩罚一是来自存储服务提供者之前质押的 Filecoin 通证，二是来自未来的存储提供的奖励，包括算力的丢失。

虽然看起来有些不近人情，但是存储服务提供者会因为惩罚的存在，不断优化自己的设备和系统，以避免惩罚的发生。对于存储数据的用户而言，也将享受到更加优质的存储服务。当然，在进行惩罚的过程中也会根据存储服务提供者的情况进行分类，比如，延迟提交时空证明或完全未提交时空证明的惩罚力度是不一样的。

◇ 经济模型

Filecoin 相比于其他公有链项目复杂得多，虽然其通证总量恒定，但释放的方式会根据网络的情况而定。比如，Filecoin 在其经济模型中引入了网络基准这一概念。当 Filecoin 全网存储容量未达到网络基准线时，区块奖励会随着算力的逐步增长而非全额地逐步释放，整体奖励相对较少；反之，区块奖励将获得足额释放。

为了保证存储服务提供者长期参与 Filecoin 的数据存储，中间不会因为各种原因突然离开而给用户和网络带来伤害，在 Filecoin 存储服务提供者开始提供服务之前，需要进行一定 Filecoin 通证的质押。

Filecoin 的初始质押由两个部分组成：存储质押和共识质押。存储质押为用户保障网络的服务质量并在出现惩罚时为扇区提供担保。存储质押遵循的原则是：小到可以让存储服务提供者加入网络，同时大到质押可以应对早期故障、罚款。当前 Filecoin 存储质押的 FIL 量为 20 天的预期收益，但随着 Filecoin 存储规模的不断扩大，单位存储空间所获得的收益将不断降低，也就是存储质押会越来越少。为了维持较高的作恶成本，Filecoin 网络增加初始质押的后半部分，即共识质押。共识质押取决于该扇区加权字节算力（QAP）和网络流通供应量。初始质押将于扇区生命周期终结后退还给存储服务提供者。扇区生命周期最短为 180 天，最长不超过 540 天。

初始质押过长也会成为存储服务提供者加入 Filecoin 网络的阻力。为了达到平衡，Filecoin 通过对区块奖励锁仓来减少初始质押的 FIL 量。当前，Filecoin 区块链奖励质押已采纳 FIP-0004 改进提案并将其应用于网络：区块奖励的 25% 将立即释放，剩余

75%按180天线性释放给存储服务提供者。

Filecoin 主网刚上线 1 年，全网活跃存储服务提供者就达到了 3400 名，全网有效算力达到了 14EiB。这样的存储规模已经超过了部分知名中心化存储服务商，其增长速度即使放到已经成熟的传统云存储服务厂商当中也算名列前茅。

3.2 Filecoin 分布式存储的行业标准

3.2.1 Filecoin 的冰山模型

"天下熙熙，皆为利来；天下攘攘，皆为利往。"区块链数字资产市场的火爆总会吸引投资者将目光瞄向比特币产业，尤其是传统投资者，他们对可预期的收益、具备剩余价值的硬件设备等尤为感兴趣。比特币产业由于发展时间长，产业链相对成熟，留给新进参与者的机会已经非常微小。新的机会，如 Filecoin 提供存储服务逐渐成为资本追捧的标的。

与比特币相比，Filecoin 存储有哪些不同之处呢？首先就是它们的共识机制不同，比特币所采用的共识机制是工作量证明（PoW），通过区块奖励鼓励存储服务提供者提供大量算力，保证网络的安全性。这种证明机制通常需要消耗大量的能源，仅仅验证了网络的哈希函数。Filecoin 的期望共识（EC）鼓励存储服务提供者投入更多的存储空间，通过各存储服务提供者存储空间占全网总存储空间的比值决定区块奖励的归属。Filecoin 分布式存储网络可以满足互联网用户的数据存储需求，资源的利用更充分。

比特币存储服务提供者降低成本的最重要方式就是减少电费，但电费便宜的地方往往是深山老林或偏远地区，其网络宽带情况不容乐观。要知道为了保证存储节点为用户提供优质的服务，Filecoin 拥有严厉的惩罚机制，一旦断网就要被罚没质押金。比特币产业配备的维护人员只会对服务器进行简单的维护，技术水平无法应对整个 Filecoin 产业存储设备集群架构的搭建和优化。

通过 filscan.io 区块浏览器，我们可以查看 Filecoin 网络存储服务提供者节点的各项数据指标。对于刚进入这个行业的人来说，这些让人眼花缭乱的数据指标让人很难抓住重点。接下来，我们就通过冰山模型，带大家真正看懂这些节点的数据。

业内服务商焜耀科技（原力区）曾提出过冰山模型。其包括"水面上"的数据，如单 T 收益、出块效率及总 FIL 收益等，但这些数据是基于冰山模型"水面下"的能力来呈现的，如稳定性、产量和安全性，这些属性是用户所无法看到的。"外行看热闹，内行看门道"，冰山模型就是通过揭秘原力运维稳定性和高产量背后的秘密来透视节点背后的门道的。

Filecoin 算力增长的前提是需要存储服务提供者完成 Sector 的封装，Sector 封装不稳定，将导致算力损失。就比如在 Filecoin 进行"太空竞赛"期间，大量存储服务提供者出现封装失败的情况，存储服务提供者最多达到了 8204 个，相当于 256.375TB 的算力，每天损失高达 128 TB 的算力。很多节点在 Sector 封装的各个阶段，完成时间呈现出非常不稳定的状态，这也是节点系统不稳定的表现。

Filecoin 提供存储的第一步是要保证设备能够发挥最大性能，从而保持算力稳定增长。那么，保证算力的稳定增长就意味着能够持续获得收益吗？答案依然是：未必。

按照正常的参与逻辑，我们假设全网算力为 100PiB，某 A 存储服务提供者拥有 10PiB，排除运气的影响，A 存储服务提供者理论上能够获得的奖励应该是全网奖励的 1/10。但是实际情况是，只有少部分存储服务提供者能够拿到应有的理论奖励。

"幸运偏差"代表的是实际奖励与理论奖励之间的差异，如果实际奖励高于理论奖励，比如，上面例子中 A 存储服务提供者获得的区块奖励高于 1/10，则幸运偏差值为正数，反之为负数。根据统计学理论，只要时间足够长，A 存储服务提供者的实际奖励会无限接近理论奖励。但是在 Filecoin 提供服务的过程中，WinningPoSt 是影响"幸运偏差"的重要因素。存储服务提供者在获得出块权后，如果没有在 30 秒内完成 WinningPoSt，那么将失去该区块高度的出块权及区块奖励。长此以往，其实际获得的收益自然要低于理论收益。

提高设备资源的利用率是获得稳定收益的必要条件。设备资源利用率提高，算力将得到稳定增长，收益也将最大化。但是，Filecoin 的使命是为人类打造分散、高效且强大的基础设施，拥有庞大的商业应用和落地预期。为了保证存储服务提供者能够提供高质量的数据存储服务，Filecoin 通过惩罚机制来制约存储服务提供者的怠工行为。

虽然 Filecoin 官方对《缔造 Filecoin 经济》中的相关参数进行了调整，但在惩罚机制的设置上依然非常严厉：

- ➲ 存储服务提供者发现扇区故障并主动报告，将被扣除该扇区预期 2.14 天的收益。

- ➲ 存储服务提供者没有发现故障，而在 WindowPoSt 期间被网络发现扇区故障，则将被处罚该故障扇区 3.5 天的收益作为扇区错误检测费。

⊃ 如果在扇区到期之前终止扇区，则前期该扇区获得的部分区块奖励将被一并扣除（小于等于 140 天，没收一半服务时间的收益；大于 140 天，将没收 70 天的收益）。

Filecoin 复制证明中的 WindowPoSt，是悬在存储服务提供者头顶的"达摩克利斯之剑"，其作用就是检验存储服务提供者节点是否按要求持续地存储着相应的数据。WindowPoSt 的周期为一天，分为 48 个窗口（Window），每个窗口 30 分钟。存储服务提供者的扇区越多、体量越大，受挑战的次数越多，难度就越高。存储服务提供者必须在规定时间内完成数据验证挑战，任何一次不成功，都将被惩罚并损失相应算力。

存储服务提供者未能在规定时间内完成 WindowPoSt 的原因有很多，如网络传输问题、磁盘损坏和软件 Bug 等。尤其是磁盘损坏的问题，即使损坏率很小，因为体量的原因依然会产生一定数量硬件设备的损坏，这是不可避免的。如何应对上述这些问题，是对存储服务提供者运维能力的极大挑战。

由此可以看出，Filecoin 存储服务提供者相对于其他网络的存储服务提供者肩负更大的压力，一方面 Filecoin 存储服务提供者运维要比传统运维难度更大；另一方面，一旦出现异常且没有按时完成 WindowPoSt，存储服务提供者遭受的将是实实在在的资产损失。

3.2.2 Filecoin 硬件设备标准化

工作的统一规范分为有序与无序，如果团队成员各自为战，只注重眼前的工作，长此以往容易使团队处于一种无序的疲惫状态，Filecoin 系统的复杂性更需要有序的标准化作业流程和规范。

什么是标准化？在 Filecoin 领域的定义是：技术的革新和标准的流程化实施手册。

⏺ 流程化实施手册的主要内容有：任务分配、实施操作流程、验收校对、常规检查、故障排查、紧急事件处理，起到指导日常运维工作的作用，即使新人参照流程化实施手册操作也能顺利执行工作。流程化实施手册作为标准化的第一步，至关重要。

⏺ 技术的革新便于监控各种分布式存储运行环境下软硬件的数据指标，以保证运维工程师能及时且高效地处理各种日常工作。因为 Filecoin 项目尚处于正式上线初期，持续更新、迭代难免会导致技术不完善的情况出现。存储服务提供者需要每时每刻监控分布式存储运行环境中的各种状况，及时做出相应的优化和调整。

◇ **硬件设备标准**

为了保障分布式存储的运行环境稳定、高效且安全，就需要合格、质优的硬件设备配合，比如，服务器、存储设备、网络设备等。

其中服务器是最为常见且核心的单元。它是为网络中的用户提供计算、共享信息资源和服务的设备，通常分为多种服务器，起到主要作用的是存储设备。服务器设备根据不同的功能进行配置，以满足存储网络上的时空证明、复制证明、数据存储及上链过程。

服务器的标准如下。

- ➲ 全方位简约：可提供功能来简化系统安装、配置和维护等任务，支持运维更高效地管理资源。

- ➲ 企业级功能：主要是实现适应、精简配置、快照、复制、卷复制、SSD 高速缓存、3 级自动分层、虚拟化集成等企业级功能。

- ➲ 高要求数据保护：远程复制、快照、虚拟磁盘备份、自加密驱动器。

- ➲ 改进硬件并提升性能：最高可达 32 万 IOPS 的性能、高达 550 MB/s 的带宽、高达 4PiB 的容量、通过 12G SAS 后端大幅提升性能。

- ➲ 简化数据管理：灵活配置为 DAS 或 SAN、全闪存或混合存储。

- ➲ 加快恢复速度：主要是节省时间和资金、更快地重建驱动器、仅添加所需容量、支持高达 1 PiB 容量或多达 128 个驱动器的标准。

◇ **网络及安全设备**

网络及安全设备是指路由器、交换机、防火墙等，它们可将网络有效连接和保护起来。在 Filecoin 项目中，网络稳定、安全在整个生命周期中起到决定性作用，任何因网络延迟、中断而引起的证明失败都会造成惩罚和影响收益。

为了保障网络的稳定性和安全性，网络设备应遵循以下标准。

- 扩展性：允许网络设备实现横向扩展以支撑大规模数据中心级分布式存储运行环境。

- 可靠性：实现网络设备冗余、增强可靠性、提高性能，消除单点故障和避免作业中断。

- 分布性：实现多条上行链路的负载分担和互为备份，提高整个网络架构的冗余性和链路资源的利用率。

- 可用性：通过标准的千兆、万兆以太网接口实现智能弹性架构，根据需求智能分配带宽流量。

◇ **企业级存储服务器**

对于 Filecoin 网络来说，数据的永久性和安全性是极为重要的，一旦重要的数据被破坏或丢失，就会造成严重的惩罚，对收益造成重大影响。一般的存储服务器普遍存在单点故障率高、可利用空间少、数据恢复慢的弊端；而焜耀科技采用的企业级存储实现了数据快速恢复、读写速率高、机位占用少、磁盘可利用率高等。

存储设备主要参考要求如下。

- 单节点容量多，密度高，能耗低，占用空间少。

- 高冗余，避免单点故障（如单 RAID 卡，单控制器）。

- 高 IOPS 和高吞吐量，满足封装需求。

- 支持远程复制、快照等企业级功能。

➲ 使用简单配置，不引进第三方软件增加可能存在的故障点。

➲ 满足企业级"5个9"的可靠性（电信级别设备）。

硬件设备的标准还有更深一层的考虑，即自动化、智能化、模块高性能化。

自动化：使用脚本自动执行服务器生命周期管理，主动报修，缩短解决部件故障的时间，将 IT 解决问题时的工作量减少。

智能化：提升工作效率还要依托运维智能化。运维智能化目前还处于发展初期，需要不断优化才能更好地满足行业业务快速发展的需求。

模块高性能化：通过硬件专业精细化作业来完善每个功能模块，让硬件发挥其最优的性能，同时通过运维保障硬件、功能和检测的最好发挥，输出高性能服务。

◇ **好的硬件服务商，让企业事半功倍**

IDC《全球服务器季度跟踪报告》显示，2020 年第三季度全球服务器单位出货量、市场份额和增长率排名前 5 位的公司，其中戴尔、HPE/新华三分别以 16.7%和 15.9%的收入份额并列第一；浪潮/浪潮商用机器排名第三；联想排名第四；华为排名第五。

Filecoin 网络存储是分秒必争的抢夺战，一旦硬件出现故障，硬件供应不及时，就会造成很大的损失。头部厂商的售后服务给全国各地的合作客户带来了很大便利，节省了大量的维修时间和人力成本。

头部厂商的服务器稳定至关重要，包括帮助存储服务提供者更灵活地扩展不同的应用部署，特别是新的互联网原生应用；帮助客户降低运营成本，服务器通过很多自动化的方式节省很多人力方面的投入，从而使用更少的人力管理更多的服务器。

◇ **企业级存储包含的诸多优点**

- ➲ *增强运维能力：* 转变 Filecoin 运维角色和提高交付速度，使其有更多时间成为推动者和创新者，同时可提高 IT 服务的交付速度（高达 64%）。

- ➲ *非结构化数据存储：* 在运维作业时可应对非结构化数据的快速增长，高效整合各种规模的文件和对象存储工作负载，同时提高严苛的工作负载性能。

- ➲ *存储负载解决协助：* 企业级存储服务器可随着数据增长不断满足新要求，尤其是 Filecoin 环境中的工作负载。

- ➲ *主存储：* 企业级存储服务器可从核心到边缘再到云端，加快关键工作负载的运行速度，同时通过高级重复数据消除功能，减少 Filecoin 提供存储过程的中断次数并降低存储要求。

头部厂商提供的企业级存储可在一定程度上协助存储服务提供者节点降低运维成本、保护数据安全、增强灵活性和拓展性，最大限度地减少运维资源的负担，提高软件运维的工作效率。

在 Filecoin 项目中，标准化硬件是项目落地的根基。只有让硬件设备的优异性能充分发挥，才能在 Filecoin 项目中获得最大收益，这也正是运维团队贡献的体现。

3.2.3 Filecoin 运维标准化

运维工作相对比较繁杂，结合实际运维工作，Filecoin 行业需要实现的是工作梳理及标准化作业，主要分为集群方案定制、资源信息调研、硬件部署方案设计、底层和资源交付、基本运维、软件升级及意外维护。运维作业环环紧扣，缺一不可。

运维工作可分为四大点：方案提供、硬件设备上架、运维标准化作业、升级及维护，如图 3-5 所示。

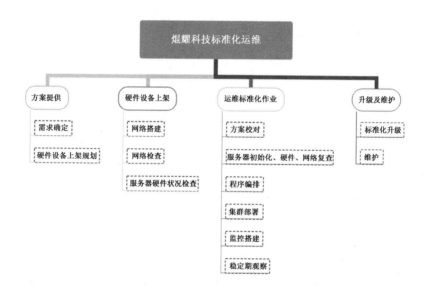

图 3-5 焜耀科技标准化运维

运维工作主要为了实现算力增速和集群规模的业务需求。在正式存储前，需要确定算力规模和日产算力需求，根据需求计算出存储硬件的配比，主要围绕以下 3 点考虑。

➲ 算力需求相同，硬件投入尽量少。提升单组硬件的性能和产能，在实现资源利用最大化的同时降低维护难度。

- 单组设备算力最优化。充分利用单组设备性能，软件调优后的硬件配比使整机的资源在做数据封装运算时能高效发挥，并支持后期可扩展性。

- 网络配置定制化。该设置主要配合不同计算阶段的带宽需求，匹配整体集群的网络搭建和安全策略，进行调优，满足高可用和负载均衡方案。

在需求确定后，根据硬件配置信息完成硬件部署方案，包含硬件上架规划、网络拓扑图、网络配置脚本和安全策略规划，主要考虑以下几点。

- 硬件的合理上架。根据托管 IDC 机房提供的机柜平面图、单柜最大功率、线槽走向、OFD 位置和服务器的配置方案，确定单机柜的服务器上架数量和服务器类型组合。

- 服务器与网络设备的合理衔接。确保服务器和网络设备的功耗限制在机柜电力红线范围内。

- 传输的完善。确保服务器双网卡、轮流发送、接收数据包、网卡性能最大，同时保证有自动备援，交换机互联端口需要实现静态的链路聚合。

- 安全规划。对外开放的业务地址和端口，隐藏了业务真实 IP，将攻击流量引流到云清洗机房；全业务流量镜像、高级威胁流量检测；通过在沙箱运行各种文件，识别未知威胁；主机端部署入侵监测和安全防护系统，实现主机端集成防御、检测、响应一体化的防御等。

接下来进入硬件设备上架阶段，先进行网络搭建。在网络搭建前需要考虑以下几点。

- 扩容规模。根据服务器配置方案和后期的扩容规模大小，设定网络的规模、网络设备选型和网络的架构。

- 网络线路。网络的设计目标，从链路接入到设备层面，实现链路和设备的全冗余。此外，实现低时延、无阻塞、无丢包功能。

- 网络交换设备。网络核心交换区设备采用数据中心级别的高可靠框式设备（双主控、多冗余电源、多冗余网板、多业务插卡），在不用更改网络结构的前提下，实现初期低成本投入、后期接入和性能的提升。

- 带宽接入。存储集群的上行聚合带宽要大于计算集群的聚合带宽等。

在网络搭建完之后，需根据标准进行网络检查，检查步骤如下：第一，运维人员将按照集群设计规划，进行详细的结构、配置策略等全方位检查。若排查后出现不符合要求的情况，一并汇总反馈给客户，同时协助驻场运维解决问题；第二，在二次排查后，确保实现结构合乎方案、配置严密和策略精准。

接着，进行服务器硬件状况检查。

- 服务器初始化。服务器配置检查，保证与方案内的配置信息一致，关闭无用服务和端口。

- 传输通道核实。检查服务器之间数据传输速率、跨内外网之间网络连通性、安全访问性、数据流向性是否达到需求。

在以上步骤之后，将集群交付给运维人员，完成集群正式启动前的首要准备工作。

运维人员接收到集群部署方案，进行校对。

- 性能校对。将配比方案中的服务器配置与实际线上使用的服务器性能进行对比，判断线上服务器是否能达到方案中的要求。

- 参数校对。判断部署参数是否合理，主要包含部署方案是否过于复杂，是否还有需要改进的地方，部署方案是否标准化、是否与部署逻辑相符。

- 优化反馈。如果部署方案存在问题，则与测试部门进行沟通，进一步优化集群部署方案。

- 如果确认集群部署方案符合标准化运维，则进行下一阶段的部署。

服务器初始化、硬件、网络复查，主要步骤如下。

- 集群环境初始化。软件包和集群运行环境配置及检查，初始化及调试。

- 参数核实。检查系统配置参数，调优系统各项参数，优化、提高系统性能。

- 防火墙检查。检查防火墙配置，检查双机冗余组、双机心跳、主备机倒换、防火墙策略配置是否合规，以及 snmp、ssh、https、登录口令等。

- 交换机检查。检查交换机配置，通过不断进行配置优化，降低网络运维后期发生人为故障的可能性，提升网络的质量。

- 检查、反馈、优化。对客户的网络给出详细的优化建议，通过网络工具分析网络性能等，通过数据展示网络的质量，实现存储池网络高性能、全冗余、无丢包的功能。

方案校对和服务器初始化工作的主要作用是再次核实硬件配置能否符合运维要求，从而正式展开运维作业。

Filecoin 部分头部存储服务提供商已经实现全栈自动化作业功能，运维人员只需提前将集群的信息录入到 CMDB 中即可，数据录入主要包含服务器信息、软件运行参数、集群存储服务提供者号、钱包地址、挂载目录信息等。然后在 WorkFlow 中输入集群的 Key，并提交集群部署任务，即可实现自动化集群部署任务。自动化部署高效地缩短了集群的启动时间，从而使集群的算力快速增长。

Filecoin 在提供存储服务过程中用到的监控主要分为硬件监控、软件监控和业务监控，目的是实现运维人员对集群和收益的可视化监控，从而快速解决生产运行环境中的各类问题。

◇ **硬件监控**

➲ 硬件监控：主要负责监控交换机、防火墙、服务器的运行状况，如各类配件参数指标、硬盘故障、网络传输性能等。

➲ 自动警报：当监控的硬件各项指标数据处于"红色"状态时，系统会自动向工作群发送简讯告警，帮助运维工程师及时发现并解决问题；针对出现问题较多的故障磁盘，系统会定时对磁盘进行生命周期检测。

◇ 软件监控

➲ 节点监控：高度监控、连接数监控、消息积压数监控。

➲ 程序监控：任务未运行状态监控、任务错误状态监控、时空证明和复制证明状态监控。

➲ 日志分析：对每日运行程序日志进行自动化分析，收集 Error 信息，并自动传送给开发工程师，以待后续优化。

◇ 业务监控

➲ 算力监控：集群每日算力增长监控、集群总算力监控、昨日、今日同一时间算力增长监控。

➲ 关键数值监控：主要监控集群的孤块情况、每日孤块数量的趋势、幸运值统计、出块权监控等。

➲ 收益监控：监控链上数据，保证数据的实时性和可读性，便于客户能实时同步到当前集群的收益状况。

➲ 余额监控：针对已反映的客户集群的钱包余额问题，设置自动化短信通知提醒。

➲ 其他监控：BaseFee 过高导致消息无法上链等问题。

集群部署完成后，先确认各个组件工作状态是否正常，主要是保障该运维作业稳定，例如，确认各个组件之间的网络连接是否正常、连接数据库网络是否正常、组件高度是否同步、私钥是否正常导入、数据库上的任务是否报错、集群消息是否正常广播上链、算力是否上涨等关键指标。

◈ **针对网络升级，需要确认升级方案**

➲ 运维部门在评估测试部门通过新版本组件升级的方案合理后，开始展开对此次升级的风险评估，并制定完整的回滚方案。

➲ 标准升级前，运维人员先对测试网集群进行升级，主要反馈如下：升级完成后观察组件运行是否正常、新功能或优化效果是否达到预期。

➲ 最终确认无误后，把升级方案分配给各个集群，相关运维人员使用自动化的方式进行部署。

在升级线上集群时，各个集群运维人员通过自动化升级替换线上环境的软件包，等待进程的工作线程结束，自动重启组件，实现集群组件的热更新。

鉴于实际网络与测试网存在一定的差异，升级完成后，运维人员要观察集群所有组件的运行是否正常，判断标准如下：复制证明及时空证明阶段是否正常、新版本功能是否达到预期，若没有达到预期，进一步校准、升级。

在日常集群产量方面，运维部门可以通过监控软件上的信息进行排查：各个集群的各个阶段的任务数、预期任务数、积压任务数、错误扇区的统计等，精确定位每一组机柜的运行情况。

了解故障现象，分析故障原因和故障方向；快速恢复业务，减少损失；判断故障造成的大致损失，并上报、告知客户；事后分析故障原因，判断此故障是否为各个集群存在的通病，如是，则及时产出优化方案，并防止故障在其他集群再次发生。

日常运维中遇到的故障，会自动化记录到标准故障手册。如果运维人员遇到类似问题，要严格按照文档进行操作，解决问题。进行高风险的命令操作时，由多名运维人员共同审查执行，避免人为失误。在故障恢复的过程中，如果遇到非常规的报错或问题，应及时上报、处理。

3.3 区块链与分布式存储的突破

3.3.1 分布式存储助力区块链破圈

"内卷化"一词的出圈使得各行各业的人再次审视自身的状态与处境。内卷化往往是一个既定模式形成后，无法达成下一个目标或无法转化为另一种高级模式的现象。对于分布式存储而言，如果一个技术人员只处理简单的业务，始终没有脱离舒适圈去承担更多的责任，那么这名技术人员将处于自身的内卷，技术水平不会有任何提高，终将被时代淘汰。

区块链从 1.0 时代步入 3.0 时代，出现了基础网络层、协议层、中间栈及各种 DApp。如果我们把新一代互联网比作一个大厦，则这个大厦中有人在打地基，有人在设计水电供应系统，还有人在铺瓷砖等。可以看出，这个大厦正在一步步被搭建起来。

但是区块链的应用在哪里？有人说在 DeFi。区块链的通证经济天然带有金融属性，事实上自比特币的出现解决了跨境支付问题，DeFi 就已经诞生了，如今 DeFi 为更多人所了解，不过是因为流动性激励的推出博取了市场的目光而已。NFT（非同质化通证）也是一个非常有意思的板块，如游戏道具、艺术品、收藏品等，但是这些应用的用户只是加密资产市场的存量用户，并没有形成大规模效应，没有吸引互联网用户参与。换句话说，区块链行业还处在内卷状态，还未实现出圈。

数据是让区块链摆脱内卷的突破点，是社会发展与科技发展的生产资料。物联网、人工智能等的发展离不开大数据，数据的重要性正不断凸显，而区块链作为一个分布式账本技术，能够保证数据公开、透明和不可篡改，进而实现数据的安全存储、确权和价值流通。区块链在市场层面，拥有庞大的需求，如合同票据、数据溯源及各行各业的商业数据存储等。

区块链经常被诟病的一点就是区块容量的限制，但是Filecoin 等区块链分布式存储项目让数据存储在链下、链上通过复制证明和时空证明来保证有效性。此举无疑拓展了区块链在数据存储能力方面的边界，使之真正向商业应用进军，成为区块链摆脱内卷的推动力。

那么区块链的分布式存储项目与传统云服务厂商又是怎样的关系呢？

Dropbox 与 Filecoin 拥有共同的投资机构，即美国著名创业孵化器 Y Combinator，目前 Dropbox 是拥有数亿用户的云存储服务提供商。

Dropbox 成立于 2007 年，其提供的主要服务就是将本地文件同步到云服务器保存。为了方便理解，你可以直接把它想象成百度网盘。Dropbox 早期的存储设备直接依赖亚马逊云，但随着自身规模的不断扩大，Dropbox 决定自建存储设施并逐渐将数据从亚马逊迁移，形成自己的规模经济。

面对 5 亿用户，如此大规模的数据量，这个迁移的过程是复杂且困难的，这其中包括构建更具扩展性的硬件设施集群、完善的软件功能，还要在保证用户不受影响的前提下达到无缝衔接等，对于整个 Dropbox 技术团队来说这无疑是个重大任务。此后，Dropbox 在硬件设备、集群架构及软件功能的底层实现上都积累了丰富的经验。

但是提供云存储服务的并非只有 Dropbox 一家，谷歌、亚马逊、百度等互联网巨头纷纷布局，为用户提供各种各样的云存储服务。低附加值和较低的壁垒，让 Dropbox 在竞争中逐渐失去了往日的光辉。Filecoin 在保证用户数据绝对安全上的优势，绝对可以成为 Dropbox 的一大亮点，从而形成网络效应，吸引更多客户。

以目前区块链分布式存储项目的发展来看，Filecoin 等还没有拥有传统云服务厂商那种直接面向 B 端或 C 端的业务能力，但是作为一种基础架构，区块链分布式存储项目完全可以与传统云服务厂商形成互补关系。并且，任何人也都可以根据自己的想法，基于 Filecoin 提供的基础设施，构建自己的应用平台，如族谱、日记或其他任何需要数据存储的平台。基于 Filecoin 构建的平台，用户可以对自己存储的数据完全放心，毕竟 Filecoin 的存储服务提供者将安安分分地为用户存储数据，不然将面临巨额罚款。

3.3.2 互联网价值数据的永久存储

随着时代的发展，移动应用的数据越来越多，对移动设备储存空间的需求越来越大，全球数据储存资源储备不足的问题显现。数据化、电子化、信息化的生活方式渗透每一个互联网用户。文字、图片、视频等，随着信息的表现形式越来越多，保存这些珍贵历史数据的方式成为关键，而数据保存的时效性也成为人们所关心的问题。大型互联网公司会保存用户的数据，但是对多数人所追求的永久保存缺乏可行性方案，分布式存储（如图 3-6 所示）可实现多节点的数据存储和读写，可满足未来互联网存储的需要。

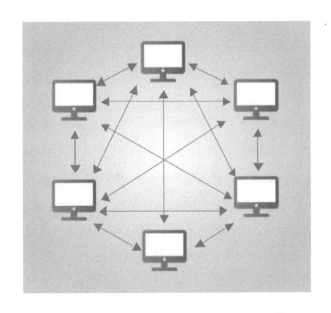

图 3-6 分布式存储示意图

分布式存储主要分为四个发展阶段：

文件交互。该阶段处于 20 世纪 80 年代，其代表是 AFS 和 NFS 网络文件系统，以以太网技术的发展为主导，主要研究实现网络环境下的文件共享，以及文件传输的交互问题。

解决可拓展性。该阶段处于 20 世纪 90 年代，其代表是共享 SAN 文件系统。存储系统逐步脱离计算机系统，随着存储网络 SAN 的兴起，解决存储系统的可扩展性和建立面向 SAN 的共享文件系统成为该阶段的研究重点。

突破容量与性能。该阶段处于 21 世纪初期，其代表是对象并行文件系统。随着计算机技术、网络技术的高速发展，市场对存储系统扩展性提出了更高的需求，急需突破容量和性能方面的瓶颈。该阶段的研究重点主要集中在对象存储技术，即如何进行高效的元数据管理和提高数据访问的并发性。

云文件系统。该阶段为 2010 年之后，其代表是云文件系统。随着云计算和大数据的落地，数据呈爆炸式增长，市场对数据存储和管理提出了新挑战。而该阶段的研究重点是 EB 级大规模存储系统、数据高可用性、高效智能存储技术、去冗余技术，以及新型的技术存储融合等。目前很多分布式文件系统都在朝云方向发展，如 GPFS、ISILON、IPFS、Ceph 等。

图 3-7 是分布式文件系统发展史。

分布式存储的发展	
1998年	IBM发布第一个基于AIX操作系统的共享文件系统GPFS（General Parallel File System）。
2003年	Google公布GFS（Google File System）技术细节。
2004年	Ceph项目开始，提交了第一行代码。
2006年	Hadoop发布HDFS分布式存储。
2010年	Google宣布GFS下一代产品在2010年发布，命名为Colossus。
2011年	Nutanix发布NDFS分布式文件系统；Inktank公司成立，专门研发基于Ceph的分布式存储。
2014年	Ceph受到各大厂商青睐，同时Inktank公司被RedHat公司以1.75亿美元收购。
10GB 以太网的发展	
2002年	IEEE 802.3ae发布10GB以太网标准。
2012年	10GB以太网交换机每1000M的成本下降至1GB交换机的1/3。
数据容量的发展	
1986—2007年	全球数据量平均每年增长超过23%。
2010—2018年	全球数据量平均每年增长超过40%。

图 3-7　分布式文件系统发展史

◈ 海量数据的处理方式

以前只有官方机构才能在网络上发表观点，但随着互联网的发展，普通人也可以通过互联网在朋友圈或其他社交软件上发表动态，分享自己的所见所闻。

一则消息在短时间内被数万次转发，被百万人阅读，被更多人看到，这对服务器的要求极高。数据存储服务器承载了大量数据，但用户的数据存储在这类服务器中存在很大的风险，也容易成为黑客攻击的目标。

◈ 云存储的优点

云存储提高了全网及个人的存储空间利用率，实现了存储网络的弹性扩展，降低了运营成本。但当前大部分互联网数据被集中存储，它们部分处于小微企业的独立机房之中，部分处于云存储巨头的大数据中心里。因此，这种按照分布式存储概念打造的云存储，逐渐演化成了中心化服务商。

中心化存储主要有以下痛点：确权、隐私、安全、服务持续性。而去中心化存储将数据分散存储在大量独立的设备节点上，所有节点共同构成存储网络。当用户存储文件时，文件被切割成数据碎片，然后被加密存储在网络的众多节点上，而不是某个中心化的服务器上。当用户需要使用这份文件时，这些碎片会被解密，然后迅速无缝地重新组装起来。

◈ 实现数据永存

数据的指数式增长迫使互联网发展出更优的数据储存技术。

去中心化的分布式存储通过网络来使用企业甚至个人的每台机器上的磁盘空间，并将这些分散的存储资源组成一个虚拟的存储设备，数据分散地存储在企业的各个角落，只需运行网络的大部分节点，便可保障整个数据集完整存储。

Filecoin 就是基于区块链的去中心化数据存储系统，它希望利用人们碎片化的闲置空间，解决巨量数据的存储问题，并且任何中心化的组织都无法掌握这些数据。

分布式网络存储系统采用可扩展的系统结构，利用多台存储服务器分担存储负荷，利用位置服务器定位存储信息，不但提高了系统的可靠性、可用性和存取效率，还易于扩展。

未来，数据存储的趋势就是类似 IPFS/Filecoin 的分布式存储，数据最终归集，实现万物互联只是时间问题，从而实现数据永存。

3.3.3 分布式存储的商业价值

◇ 海量数据

云存储市场拥有超过 25%的年复合增长率。在 AIoT、5G 带动数据生产及数据需求的发展阶段，大数据将进一步爆发，传统云服务的规模扩充需投入巨大成本，这不利于未来数据产业的发展。

根据软件公司 Domo 的报告，2018 年人们每分钟在 Google 进行 383 万次搜索，在 YouTube 观看 433 万个视频，发送 159362760 封电子邮件、473000 条 Twitter 消息和 49000 张 Instagram 上的照片。在中国，人们每天在微信发出的信息就超过 450 亿条。Domo 预计，到 2020 年全球人均每秒将产生 1.7 MB 的数据，以全球人口 78 亿人计算，那么一年就会产生 418 ZB 的数据，大约需要 4180 亿个 1 TB 硬盘才能装下，这还没考虑人口的增长趋势。联合国预计，世界人口在 2050 年就能突破 97 亿人，这意味着现有的数据储存系统撑不到下个世纪了。

◇ **高歌猛进的分布式存储商业**

目前分布式存储项目主要有 Filecoin、Curve、HDFS、Ceph、GlusterFS 等，聚焦于区块链赛道，无论 Filecoin、Arweave，还是 Crust、Burst、Bluzelle、Storj、Sia，都在逐步占据云存储的市场。因此我们可以观察到分布式存储项目的发展路径，以及区块链分布式存储项目的探索进程。

Ceph：产品化不断升级的云计算基础设施

社区触发创新，产品化是最终的归宿。

被大多数人称为 Ceph 之父的 Sage Weil 曾说："Ceph 从社区到商业化是大势所趋，毕竟所有技术的最终归宿都是产品。"

Ceph 借助社区和产品走向产品化。通过社区发散思维，追求创新，随之，通过 Ceph 产品趋于稳定，探索不同的领域和不同的行业，做出稳定、可复制的企业级产品。社区让 Ceph 越来越繁荣，生态圈不断扩大，包括对接不同的生态硬件、软件。过去的几年中，依托 Ceph 落地的应用覆盖了金融、游戏、媒体等众多重点行业，Ceph 的主要应用场景有云平台、传统企业 IT 架构虚拟化等。

◈ **云计算基础设施转型**

其实在最开始，Ceph 的初衷是为一个机房里的超级计算机提供 PB 级存储方案，最初赋能的是 HPC 领域的文件系统。

随着云计算时代的到来，Ceph 的目标也逐步变为云计算提供基础设施，从当时的一个超算中心扩展到很多超算中心，规模不断扩大。Ceph 先有文件存储功能，结合开源的云管理平台 Openstack，在块和对象发力，从而成为文件、块、对象都具备的统一存储，目前 Ceph 系统能够满足云计算需求。

Ceph 的发展进程为：从存储方案解决，到文件存储升级、规模扩大，再逐步升级为统一存储，进而满足云计算的要求。

HDFS：Hadoop 抢占开源市场，开拓数据处理软件

2005 年，Doug Cutting 和 Mike Cafarella 在 HDFS 基础之上添加 MapReduce，产生了 Google 分布式文件系统 Hadoop，其核心技术依然基于 HDFS。

互联网雏形检验商业模式。随着 Web 2.0 的崛起，大量用户与网站数据呈爆炸式增长。此刻，大量互联网公司具备数据与需求，但缺乏一个高性价比的数据分析系统。这时，开源、免费的 Hadoop 抓住了大数据的蓝海市场，奠定了商业模式的可行性。

开源运动创造了商机。21 世纪初，开发者社区掀起了开源运动。此时，Hadoop 提供了一个开源、免费、符合互联网风格的大数据处理软件响应源代码，并且可与世界互联，可以迅速地在互联网大数据处理领域触达有相关需求的市场群体。

Hadoop 助力生态，生态反哺营收。也正是因为开源运动，Hadoop 在短期内迅速成立三家公司（Cloudera、HotonWorks、

MapR）开拓 Hadoop 开源生态，提高了 Hadoop 整个生态用户的部署采用率。最终 Hadoop 依靠商业推进开源生态的建设，实现生态反哺商业——实现营收。

GlusterFS：原生协议的拥趸

2011 年 10 月 4 日，红帽斥资 1.36 亿美元收购 Gluster。

2014 年 4 月 30 日，红帽以 1.75 亿美元的价格收购 Ceph 企业级产品提供商 Inktank。

2018 年 10 月 28 日，IBM 以每股 190 美元收购红帽所有流通股票，总股本约为 340 亿美元。

GlusterFS 是一个开源的分布式文件系统，具有高扩展性、高可用性、高性能、可横向扩展等特点，横向扩展能够支持数 PB 存储容量，以及同时处理数千个客户端。GlusterFS 并非完美，在数据存储安全方面还存在一定的不足。

GlusterFS 的主攻方向是存储的原生协议，很多云开发服务平台都支持其应用，包括谷歌的 Kubernetes 和红帽的 OpenShift。GlusterFS 的主要适用场景有以下 3 类。

➲ 媒体类：文档、图片、音频、视频

➲ 共享存储：云存储、虚拟化存储、HPC（高性能计算）

➲ 大数据：日志文件、RFID（射频识别）数据

根据以上对 Ceph、HDFS 和 GlusterFS 发展路径的分析，可以说，分布式存储最终落地的方向有云计算设施、数据分析软件和存储原生协议。除此之外，分布式存储还有丰富的落地探索。具体的落地探索，会在下一章进行详述。

◇ **分布式存储的趋势与发展方向**

分布式存储进化论。从 2010 至 2019 年，分布式存储的发展过程可以分为 3 类：分布式块存储、分布式文件存储、分布式对象存储。随着分布式存储的相对市场份额不断增长，三者将处于并存状态。其中，戴尔收购的 Compellent、惠普收购的 3Par，实现了块级虚拟化，将硬盘和 RAID 解耦；VMware Virtual SAN（现命名为 vSAN）、Nutanix 有别于以往的专用存储，它们将文件系统软件与服务器解耦。随之而来的是，分布式存储衍生出很多新的落地场景。

（1）去中心化计算。去中心化计算作为一种新的计算模式，其通过整合存储、网络、数据、硬件等分布式资源为用户提供强大的计算能力，从根本上实现并行处理、分布式计算与网格计算。其在一定程度上可以解决中心化计算成本高、计算慢和数据泄露等问题，同时也促进了闲置计算资源的利用。

Technavio 最新市场研究报告显示，2024 年去中心化计算市场规模将达到 162.3 亿美元。从 2020 年（70.9 亿美元）至 2024年（162.3 亿美元），全球去中心化计算市场规模预计将增加 91.4亿美元，以 32%的年复合增长率扩大市场规模，去中心化计算市场正蓄势待发。

（2）去中心化超融合。去中心化超融合框架是基于分布式存储的进一步升级，其架构通过软件实现计算、存储、网络的融合，以虚拟化、去中心化来定义数据中心的技术架构。其主要解决的是业务新架构的敏捷响应、大数据处理与访问问题。

IDC 全球季度融合系统跟踪报告显示，全球融合系统市场收入在 2020 年第一季度同比增长 4.5%，至 39 亿美元。其把超融合系统分为 3 类：认证参考系统和集成基础架构、集成平台，以及超融合系统。其中超融合系统在 2020 年第一季度占整个融合系统市场的 50.9%，近 20 亿美元。

（3）智能化+存储。2024 年智能化+存储市场的规模将达到 34.5 亿美元。智能化+存储主要有两部分：存储智能化和存储赋能智能 AI。

存储智能化希望根据业务负载、运维管理等预测未来事件，以及根据预测结果动态地调整存储资源池。存储资源调配的方式很适合分布式存储的存储池概念，因为存储池天生就适合弹性调配的调整方式，只要匹配成熟的 AI 技术即可实现随增随减的资源配置功能。

存储赋能智能 AI 是指以 AI 的准备、训练、推理和归档等为基本功能，存储配合不同 AI 场景的需求，包含性能和响应。

总之，两者融合解决了数据的存放、保护和优化问题，实现了低成本、高效率存放。

（4）私有云对接，公有云、私有云互相渗透。私有云对接的本质就是 B 端企业的信息交流，其主要实现自动化、API 桥接，以及私有云管理平台按需驱动存储资源的创建、调整、优化甚至回收。

方兴未艾的公有云、私有云交互市场需要区块链实现脱敏变现，两者互相渗透的本质就是 B 端企业与 C 端的交流。因为早期公有云主要针对 C 端（或者小 B 端），随着云计算的普及，B 端与 C 端需要信息交互。但出于隐私保护、安全性、管理、兼容性、惯性、迁移成本等多种因素的考虑，存储市场亟需分布式存储，以保障脱敏信息的交互和信息的隐私保护。

张首晟在《区块链技术是互联网世界新的分合转折点》中提供了前文问题的答案："一旦有了区块链，如果创造的数据能被价值化、共识化，就会形成一个大的数据市场，使 AI 的发展也能够更进一步。"

区块链不仅可以让隐私数据价值化、共识化，更可以让 AI 的发展更进一步，如 AI 操作记录的存储、数据的脱敏使用等。总之，区块链+存储可实现数据的高效利用，AI 使整个过程更加智能。

（5）原生协议赋能实体的无限潜力。分布式存储原生协议主要为各家应用提供最根本的存储架构，便于协议层与应用层的衔接。以建房子为例，原生协议主要是建设房子框架的工具，应用层主要是装饰房子，以满足不同喜好的人群。未来，该市场的规模可能会更大，但凡与存储有关，都可能有真实需求，如医疗数据存储、金融数据存储和大文件冷存储等。

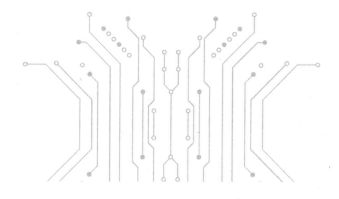

第四章

Web 3.0 前瞻：区块链分权下的时代产物

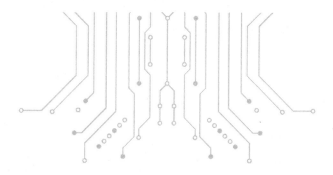

4.1　Web 3.0：下一代互联网

4.1.1　Web 时代演绎史

互联网技术从军用到商用落地，遵循中心化自上而下的普遍规律。互联网最初是由政府部门投资建造的，最初仅限于研究部门、学校和政府部门使用。除了直接为研究部门和学校服务的商业应用，其他商业行为是不被允许的。20 世纪 90 年代初，当独立的商业网络开始发展时，这种情况就得到了改变。这时，在没有政府资助的网络中心里，人们可以从一个独立网站向另一个独立网站发送信息，但那时候信息交易较为局限，使用方式也被限制，普遍性、通用性都不具备。

Web 1.0：以搜寻的概念发展，任何使用者可透过 Web 搜寻所需资料，如同单向建构。

初期，在互联网发展了一段时间之后，互联网兴起的第一个 20 年便是 Web 1.0 大航海时代。Web 1.0 采用的基本是新技术突破、创新主导模式，由技术改变生产力的形式，信息技术的变革和使用推动了网站的新生与发展，起到了信息快速传播的关键作用。在 Web 1.0 这个大流量时代里，盈利基于一个共同点：巨大的点击流量。无论早期融资还是后期流量变现，依托的都是为数众多的用户和点击率，以点击率为基础来开展增值服务。在一定程度上，群众基础决定了盈利的水平和速度，充分体现了互联网的流量经济色彩。不过，那时候因为互联网发展过于迅猛，匹配流量变现的供应链、物流等基础设施在短时间内难以跟上，并不能最大地释放其匿藏的能量。

从本质上说，互联网是一款缩短距离、加速传递和存储信息的工具。互联网最基础、最核心的力量，就是信息的"中央集权"及信息的中转职能。Web 1.0 将现代文明的成果发挥到了极致，进而引起了新的信息革命。从商业垄断的案例中可看到，信息的垄断和集中无疑会进一步将社会权力的垄断和集中提升到新高度。无论门户还是搜索，都展现了中心化社会的商业发展弊端。

但在互联网内，同时孕育着一股逆生长的生命力。这股生命力与生俱来地带着质疑的心态，试图进行革新，反对集中、反对任何形式的中心化。这种逆生长的生命力叫作个性主义，它对旧信息社会准则表示质疑，建立起以 Web 2.0 为标志的新秩序，通过新网络传播矩阵建立新的时代文化，从而出现了一个人人可参与但较为分散的个性时代。微博、抖音、豆瓣及社交网络等，都因为个性的释放与表达而生机勃勃。网民通过互联网发出与众不同的观点，互联网缩短了信息传递的距离，加强了思想的碰撞。

Web 1.0 和 Web 2.0 是一对矛盾体，中心化的 Web 1.0 催生了新的信息文明，个性化的 Web 2.0 催生了个性文明。Web 1.0 与 Web 2.0 不能互相取缔，而是相生共存。Web 1.0 是单向的信息传递，Web 2.0 是信息的多方传递、互动，为信息的碰撞、交汇打下了基础，但目前两者仍处于共存状态，难以割舍。

Web 2.0：主轴是以社交网页为主的信息传播新形式，Web 使用者之间可相互沟通、分享资讯，如同双向建构。

所以，Web 2.0 并不是信息产业的升级，而是一种新文明的诞生。

从2000年至今，互联网走过了第二个阶段。在 Web 2.0时代，以盈利为目的的科技公司，如Google、Apple、Facebook、Amazon 快速建立起了开放、强互动能力的软件和服务，大大加强了网络的互动性，让用户加速进行信息的交流。智能手机的普及为移动互联网的发展奠定了基础，手机应用成为互联网流量的主要入口。最终用户从开放服务转向了这些更复杂、更集中的服务。在资本的驱动下，应用式服务得到爆发式增长，广大网民也以极低甚至免费的价格感受到了互联网为现实带来的巨大力量。

Web 2.0 于 1999 年开始被使用，互联网开始主动与用户接触。Web 2.0 鼓励用户提供内容，而不仅仅是查看内容。人们现在能够在互联网上发布文章和评论，并且有可能在不同的网站上创建账户，从而增加参与度。Web 2.0 还提供了 Web 应用程序、WordPress 等自发布平台及社交媒体网站。

一方面是包罗万象的应用服务和背后的创业团队，另一方面是数十亿网民的免费体验，Web 2.0 似乎有着广阔前景。然而伴随巨头扩张脚步的迈进，集中式平台的弊端开始暴露，垄断开始逐步显现。在统计人们平均使用应用的时间时，榜单 Top10 中的 App 占据了用户的绝大多数时间，更多的服务被集成在一个 App 中，新兴的 App 越来越难以获得新用户。当互联网变成了巨头的天下，各家依靠其数据的垄断建立"护城河"时，互联网的开放精神就遭到了破坏，活力渐失，创新也受到抑制。

中心化的平台似乎难免地从无限扩张进入与用户"零和博弈"的状态，这是其周期性的局限所致。在一开始，平台会尽其所能招募用户和服务提供方（如乘客和司机）。为了使平台拥有足够的服务提供者，中国的互联网平台在这个阶段经常使用补贴的方式吸引用户和服务提供者。随着平台体量的逐步增大，其影响力相对用户和服务提供者也在稳步扩大。同时，市场需求与产品也在博弈，因为巨头会通过流量引导产品热度，流量也在反映产品与用户的真实需求是否匹配。

根据 SimilarWeb 的数据产生的全球百大流量网站，包括国外的维基百科、Facebook、YouTube、Twitter 等互联网公司。而国内的典型代表就是腾讯旗下的微信生态系统，百度、今日头条等公司也在向这个方向发展，但是处在起步阶段，远不够成熟。然而像这样的 Web 2.0 公司的盈利模式一直存在问题，全球的 Web 2.0 公司在盈利模式这一块还没有摸索出一套行之有效的方案，仅仅依靠简单的流量变现，会导致有些流量无端丢失。就算是用户规模近 10 亿人的微信，也只是在近些年才通过广告这一传统获利方式取得了一些收益，但是远远无法支撑这么大的用户体量所带来的盈利市场预期。这就是由专业人员织网到所有用户参与织网的创新民主化进程，只有让对的产品匹配对的市场需求，才能够形成正向循环，流量才能够继续增加。

近年来，很多研究者发表了对于 Web 3.0 的定义，2018 年柏林的 Web 3.0 峰会就对 Web 3.0 进行了深入探讨。其中有一句话指出了 Web 3.0 的精髓：Less Trust More Truth。如图 4-1 所示，Web 3.0 的本质就是要有信任，但信任的成本是很高的。现在，基于中心化组织的信任背书，双方的交易才能够实现，但区块链技术公开透明、可追溯，可以没有中心化的组织充当中介，这就会为传统的商业模式和组织形式带来变革。

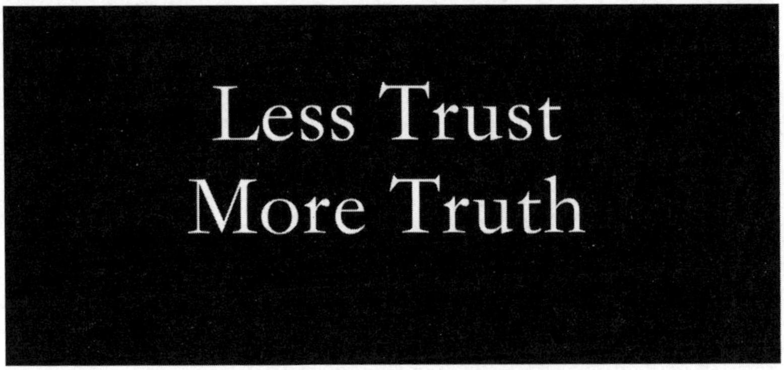

图 4-1　波卡创始人 Gavin Wood 阐述 Web 3.0 的定义

正是 2008 年诞生了比特币才有这样一个机会把区块链的作用展现给全世界，区块链受资产深爱，受技术推动。

4.1.2　Web 3.0 为何需要区块链

下沉，是一个耳熟能详的词语，我们在讨论拼多多巨大的发展潜力时会频繁提到下沉市场。下沉就像发展的触角，可以延伸到未激活的基层领域，带动整个组织系统的蓬勃发展。那么，该下沉到哪里去？市场的下沉是从一二线城市转移到三四线城市，权力的下沉则是由上层转移到基层。本质上讲就是形成一个分布式的系统，由集中式的中心分散到各处的节点。权力下沉是去中心化的重要特征。

假如想了解权力下沉，想想飞舞的蜂群就可以了。去中心化不是捏造出的名词或想象中的概念，而是自然社会发展的必然结果。凯文·凯利在《失控》一书中以蜂群为例，描述了生物在去中心化逻辑下的自然发展规律。分群是蜜蜂的大型集体活动，上万只蜜蜂集体迁徙到另一个合适的栖息地。在这一过程中并没有领头的蜜蜂（蜂后）进行指挥，而是蜂群根据工蜂侦查的地点进行民主投票，少数服从多数，最后选定新的地点。这完全是一个去中心化的运行模式，同样的现象也存在于蚁群中。

自然界中的分布式系统（见图 4-2）存在以下几个优点。

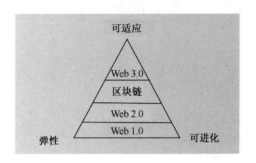

图 4-2　自然界的分布式系统与区块链融合

- 可适应：蜂群中的每个个体都会对变化产生反应，因此对环境的变化有良好的适应性和进化性。

- 可进化：个体不断地适应环境的变化，并将适应性进行传递，最终会实现群体的进化。

- 弹性：分布式的系统具有良好的弹性，因为群体中的每一个个体都是并行的节点，并且存在冗余，不会因为某个节点故障而造成整个系统崩溃。

我们可以发现，人类科技社会的发展规律与自然界的发展在本质上是相通的，自然进化出的分布式群体就是权力下沉的最好案例。在提到 Web 3.0 时，去中心化被频繁提及，其中最值得关注的还是权力下沉。从 Web 的发展史可以看出，Web 1.0 时代是去中心化的、开源的，开放的网络环境激发了无限的创造力，许多优秀的公司在这个阶段崛起，如 IBM（见图 4-3）、Google 等。

图 4-3　IBM 商业价值研究分析，区块链可以让供给方与需求方直接连接

Web 2.0 时代给访客带来了前所未有的互联网体验和便捷，我们可以在网络上进行内容创作、购物、社交，但是也出现了很多问题。比如，寡头公司控制着用户的隐私数据并以此牟利，恼人的广告、中心化的审查、数据的泄露和丢失等。这些弊端都是由中心化带来的。Web 亟须变革，而区块链技术是重要帮手。

那么区块链的去中心化是怎样运行的，又通过怎样的方式实现权力下沉呢？首先是共识机制，在摆脱权力集中化的情况下，互不信任的节点通过共识机制参与区块链网络的运作，不约而同地往一个大方向发展。其次是社区治理，区块链没有中心化的组织或公司，更多地通过社区自治的方式进行管理。比如，在开发者社区中以投票等方式来决定网络的升级或更新，只要是节点的参与者一般都具有参与决策的权利，权力下沉到每一个人。

权力下沉不是一个高深的概念，而是真切发生在 Web 3.0 中的现象。权力不再集中在少数人那里，而是转移到每一个参与者手中，这其实是去中心化的精髓，也是 Web 3.0 的期望。每一次社区投票与决策、每一次出块，都向着去中心化的目标而努力，都将离 Web 3.0 更近一步。

只要是互联网用户，都不会只有某几个平台（QQ、微信、爱奇艺、抖音等）的账户和对应的密码，多的甚至有上百个。每次注册某个平台的账户，都需要重复填写相同的信息及完成实名认证，同时中心化存储与管理容易造成信息泄露，这也是 Web 3.0 发展中的一个痛点。在 Web 3.0 时代，这样的重复劳动应该被摒弃，用户应只需一个数字身份，就可以登录所有平台。用户在互联网的行为数据都将与数字身份绑定，即沉淀自己的数据价值。如果某个平台需要对用户的数据进行大数据分析，则其需要为此向用户付报酬。

这样的开放身份不只局限于网络，当你去当地的医院检查身体时，医生可以根据你在其他医院的治疗记录为你进行诊断，而无须再重复检测相同的项目。当然，这个过程需要你本人的授权，未经授权的医院无法调取你的数据。

还记得那些令人恼火的推销电话吗？在 Web 3.0 时代，你可以授权那些可以给你打电话的人，如亲戚、朋友和同事，但是未经授权的人将无法拨通你的电话。

开放身份看似会让人暴露隐私，但是合理的加密技术和权限机制，将让你享受更便捷的服务。

一些寡头公司通过应用平台的搭建，利用用户使用行为的数据获取收益，比如，设置无法屏蔽的广告、滥用隐私数据等。相比之下，用户抛开应用本身所带来的便利，没有得到更多的回报。

产生这一问题的关键原因就是信息互联带来的是信息的自由流转，但是没有带来价值的流动。

比特币的诞生让人们看到了一种新的价值流转方式，一种不需要经过中介组织的支付手段，它将从根本上降低交易的成本，带来新的商业模式，并且可以产生新的庞大市场。而在 Web 3.0 时代，应让价值像信息一样自由地在网络中流转，未来值得更多期待。

4.2 Web 3.0 新时代与商业演变

Web 3.0 时代的诞生意味着新的 Web 交互方式即将冲击互联网，因为它不是简单的创新，而是从根本上改变数据的传输方式。从原来的点-中心化服务器-点数据传输，直接进化到点-点数据传输，摆脱中心化服务器的过渡方式，提高数据的隐秘性、传输的高效性，把数据的所有权真正归还给用户。

Web 3.0 构建起一个分布式数据库的商业世界，边界模糊，权力下沉。

用一句话概括 Web 3.0，即它将互联网本身转化为一个分布式数据库，通过实现网络、存储与计算的去中心化，未来还可实现跨浏览器、超 App 或直接 DApp 的内容投递和请求机制。不仅如此，Web 3.0 还可以在此基础上利用人工智能、云计算、算法加密等技术，创造跨国、无国界的虚拟世界。

总之，Web 3.0 模糊了实体边界，让现实真正回归数字时代。

在 2006 年 11 月的 Technet 峰会上，Yahoo 创始人兼首席执行官杨致远曾经这样阐述 Web 2.0 和 Web 3.0："目前对 Web 2.0 的归档和讨论很多。借助网络级别所能达到的效能，网络的力量已经到达了一个临界点。我们同时看到，最近 4 年出现了更高级的设备及更高级的与网络互动的方法，不仅体现在游戏机和移动设备这样的硬件上，也体现在软件上。你不一定是计算机科学家，但你也能编写出一个程序。这种现象在 Web 2.0 初现端倪，而在 Web 3.0 将更加深化，Web 3.0 是一个真正的公共载体……"

正如杨致远所说，Web 3.0 未来会突破世界的隔板，让企业、服务边界更加模糊，真正细化物品的所有权，细分到虚拟数据，并且释放所有权的归属，让其价值回归到所有人手里。

麻省理工学院电子工程与信息科学双硕士 Sramana Mitra 提出了一个 Web 3.0 的式子：Web 3.0 =（4C + P + VS），如图 4-4 所示。

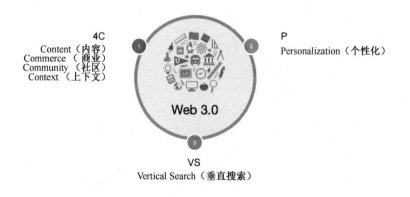

图 4-4　Web 3.0 =（4C + P + VS）

⮊ 4C 即 Content（内容）、Commerce（商业）、Community（社区）、Context（上下文）

➲ P 即 Personalization（个性化）

➲ VS 即 Vertical Search（垂直搜索）

Web 3.0 通过把用户的个性化需求进行切分，借助 4C 板块进行内容细分，细分垂直领域的搜索功能，让互联网更加满足真实需求。总之，Web 3.0 在技术层面所要实现的是去中心化，如去中心化身份、数据确权与授权、隐私保护与抗衡、去中心化运行，而以上技术刚好符合区块链的技术特质，那具体是如何实现的呢？

以去中心化浏览器为例，我们分析一下在区块链的网络中直接的点对点网络的网络应用。用户访问的网站产生的交易会生成一份副本，然后该副本被传输给访问同一网站的其他用户，而这些用户又将该网站传输给其他人。在这种点对点的模式下（类似 BT 下载），访问网站的人越多，服务新用户的能力就越大，这就减少了对少数中心化用户的依赖。

区块链的去中心化模式可以应用于网络生态系统的任何部分，包括虚拟主机、存储、计算、域名系统、应用程序和搜索功能。以 Filecoin/IPFS 为例，去中心化存储在很长一段时间内都是加密领域的重中之重。Filecoin 所要实现的是，把存储放在一个分布式网络的后端，数据存储在所有分散型节点的后面。这样当它开放时，任何人都可以成为存储提供商，用闲置资源为网络贡献存储空间。

Web 3.0 有几种较为成熟的落地方向，未来会率先进行落地，下文将展开介绍其来龙去脉。

4.2.1　分布式商业金融

随着生产力的发展和技术的进步，金融商业体的组织形式也一直在不停进化。在人类经济发展史上，金融商业形式经历了市场募资、全球 IPO、证券化法规完善、分布式金融商业的迭代。每一次形式的变化基本上都提高了交易效率、降低了交换成本、提高了交易的质量。如今，平台企业如日中天，发展如火如荼，头部效应凸显，呈现出强者恒强的局面。未来平台模式还能走多远？以区块链去中心化为代表的新技术，将对现有的金融商业模式起到怎样的变革作用？首先让我们回顾一下金融历史的发展脉络，来看一下它可能的未来走向。

◇ 15 世纪初期股份集资出现

15 至 17 世纪，欧洲航海者开辟新航路和"发现"新大陆，是地理学发展史中的重大事件。这些地理上的大发现开通了东西方之间的航线，使海外贸易和殖民地掠夺成为暴富的捷径。而组织远航贸易的关键是，组建船队需要巨额资金。而在当时，资本家大多没有如此庞大的资金。为了筹集远航的资本和分摊经营风险，就出现了以股份集资的方法——招募股金。航行结束后，将资本退给出资人并将所获利润按股金的比例进行分配。为保护这种股份制经济组织，英国、荷兰等国的政府不但提供支持，还给予其各种特许权和免税优惠政策，制定了相关法律，从而为股票的诞生创造了法律条件和社会土壤。

◇ 史上首支 IPO 7 万亿美元市值企业：荷兰东印度公司

16 世纪，在东印度群岛一带，很多荷兰人都做着香料生意，但那时香料的价格非常不稳定。为了稳定利润，荷兰商人想出一个好主意——联合成立一家带有垄断性质的公司，即荷兰东印度公司，以进行该海域的所有贸易。起初，荷兰东印度公司建立有限责任制，把利润和风险加以分摊。每次出航前，荷兰东印度公司会先为本次航行招募资金。随着公司规模的日益扩大，这种"定向融资"的弊端逐渐显现。一方面，资金量太少，难以供养一支舰队；同时为了防止殖民地的居民"揭竿而起"，其还需要雇用私人军队，成本巨大。另一方面，荷兰经济蓬勃发展，民众有着大量闲钱，却苦于没有有效的投资渠道。荷兰人无法容忍自己坐拥大笔的闲钱，却毫无用武之地。

在这种状况下，荷兰东印度公司大胆地改革了融资模式，不再选择特定股东，而是面向全体公众募集资金。通过首次公开募资（Initial Public Offer，IPO），获得充沛资金的荷兰东印度公司，开启了它的加速扩张之路。这被公认为世界史上第一次 IPO，是一次划时代的革命。

IPO 不同于先前以单次出海为目的的短期融资，其特点是把公司和出资者永久地捆绑在一起。荷兰东印度公司向公众发行了一种特别的凭证，这份凭证不仅代表持有者拥有一部分公司的所有权，而且还永久拥有利润的分享权。这种凭证，就叫作"股票"。荷兰东印度公司的"股票"与目前的股票有几分相似之处，后市股票制度虽然有所完善，收益却似乎没有之前那么直接。

1637 年，荷兰东印度公司的股价达到了历史最高点，即7800 万荷兰盾，加上通货膨胀，以现在的标准计算，高达约 7 万亿美元。

◇ 荷兰和美国的上市银行

从 17 世纪末到 19 世纪中叶，英国、法国先后爆发了资产阶级革命，大机器工业生产代替手工生产的产业革命迅速崛起，商品经济得到极大发展。股份有限公司因适应了大工业的要求而迅速发展起来，股票也相应地得到发展。由于生产需要扩大资金来源，以及需要进行远距离运输以扩大市场，银行、运输业急需大量筹集资金。于是，通过发行股票来筹集资金、建立股份有限公司就成为当时的一种普遍方式。1694 年英格兰成立的第一家资本主义国家银行——英格兰银行及美国在 1895 年成立的合众美国银行都是以发行股票为基础的股份有限公司。

◇ 证券交易的法规及手段日益完善

随着股份有限公司的发展和股票发行数量日益增多，证券交易所也在逐步发展。

1773 年，股票商在伦敦的新乔纳咖啡馆，正式成立了英国第一家证券交易所（现伦敦证券交易所的前身），并在 1802 年获得了英国政府的正式批准。19 世纪中叶，一些非正式的地方性证券市场也在英国兴起。

美国的证券市场从费城、纽约、芝加哥、波士顿等大城市开始出现，逐步形成全国范围的证券交易局面。1790 年，美国的第一个证券交易所——费城证券交易所成立。

1792 年，纽约的 24 名经纪人在华尔街 11 号共同组织了纽约证券交易会，这就是后来闻名于世的纽约证券交易所。

1799 年，荷兰东印度公司解散，其财产和债务由巴达维亚共和国接管。

1884 年，美国的查尔斯·亨利·道（Charles Henry Dow）和爱德华·琼斯（Edward Jones）提出了反映股票行情变化的股价指数雏形：道琼斯股价平均指数。美国根据 1929 年经济危机的经验，于 1933 年颁布了《证券法》，主要规定了股票发行制度。1934 年，美国又颁布了《证券交易法》，用于解决股票交易问题，并依该法成立了证券委员会作为股票市场的主管机关。1970 年，为了保护投资者的利益、减少投资风险，美国又颁布了《证券投资者保护法》。

中国的证券市场已有 150 多年的历史了，可分为如下三个时期：1870 年至 1949 年，香港、上海、天津等的证券市场；1950 年至 1980 年，天津、北京、香港、台湾的证券市场；1981 年至今，上海、深圳、香港、台湾的证券市场。

随着股票的高速发展，法律制度也在不断完善。

◇ **未来商业模式：分布式商业**

互联网在中国经历了二十多年的发展，其最初设想的平等、共享、自由等理念被打破。阿里巴巴、腾讯、京东等互联网公司逐渐成长为参天大树。还记得在 BAT 初具规模时，创业公司的豪言壮语是：要超越 BAT。随着 BAT 的规模越来越大，创业公司的梦想变成了被 BAT 收购。在金融基础设施的支付领域，支付宝和微信支付几乎"二分天下"；民营支付公司的崛起，让固若金汤的银行体系隐隐感受到了威胁。

平等、共享的互联网被中心化的互联网所代替，这些头部企业几乎掌握着我们所有的数据。在数字化的今天，数据成为最重要的生产要素之一。我们每一个人在互联网的世界中就像一个透明人，在无意识的情况下被商家精准投放广告。商家靠数据算法比你更了解你自己，在这样的背景下，个人隐私被泄密、骚扰电话不断，人们在享受互联网便利的同时也深受其扰。

在去中心化技术极客前仆后继的努力下，区块链技术伴随着比特币诞生了。在最初的几年里，区块链技术被比特币的光芒所掩盖，当人们第一次认真揣摩这项技术时，人们被它的分布式账本、点对点交易、不可篡改、匿名性等特征所吸引。虽然由于技术门槛和认知门槛较高，在很长的时间里区块链技术的应用都没能大面积铺开，但是人们仿佛从区块链技术中找到了解决现实困境的钥匙。

从传统行业推崇的重资产经营，到互联网行业强调的轻资产运营，人们试图把商业模式从中心化引向更开放、更讲究合作的新模式。在区块链时代下，是否会有新的商业模式出现？答案是：分布式商业。分布式商业，是一种由多个具有对等地位的商业利益共同体所建立的新型生产关系，是通过预设的透明规则进行组织管理、职能分工、价值交换、共同提供商品与服务并分享收益的新型经济活动行为。微众银行产品运营负责人邓伟平做出预判："未来的商业模式可能会从过去的中心化模式演进到分布式商业模式。"

在区块链技术去中心化的实践下，未来的组织形态可能会越来越向弱中心化或多中心化方向发展。分布式商业这种平等、共享、自治的理念，可能让互联网回归其最初的理念，分布式商业，让我们共同期待。

分布式商业一方面通过将各类资源，如人自身的智力和体力资源、所有权资源（如资本或实体资源）进行量化和通证化，极大地提高资源的流动性，减弱资源的中心化程度及创新者获得资源的难度；另一方面，区块链和智能合约的应用又提高了资源被社会化加工的协作和结算效率，降低了信任和沟通成本。分布式商业让所有的资产和资源依托数据流动起来，向所有人提供了一种开放、可信的协作环境，可以即时实现价值的结算，是一种极为高效的生产模式。

◇ **分布式商业的特征**

可用性高：随着业务量越来越大，需要多台机器才能应对大规模的应用场景。我们可以垂直或水平拆分业务系统，继而将其变成一个分布式的架构。分布式系统不会因为一台机器出故障而导致整体不可用，所以，分布式商业架构可以很好地消除单点故障，从而提高系统的可用性。

安全性强：分布式系统具备多层次检测、感知与防御各类安全攻击的能力。分布式系统提供了各个业务需要的数据服务实例，完善的安全机制能有效保障业务数据的安全。在研发时，要考虑搭建良好的用户角色权限机制、敏感数据的加解密机制，加强网络通信方式的保密性及抵御黑客攻击等，从业务逻辑上做好防范。

成本低：分布式商业的基础设施是，一个硬件或软件组件分布在不同的网络计算机上，彼此之间仅通过消息传递进行通信和协调。在同一个分布式系统中的计算机在空间部署上是可以随意分布的，可弹性使用及分配，不仅限于某一两家企业使用。

数据质量高：扩展性极佳。在当前系统存储或计算能力不足时，可以简单地通过增加廉价 PC 机的方式来增强系统的处理和存储能力，处理能力极强。庞大的计算任务可以在合理分割后由分布式网络中的机器并行处理。

◇ 案例：Uniswap

Uniswap 是一个用于以太坊（区块链智能合约平台）上自动通证交换的协议，其核心在于"资产去托管化"。在交易的过程中，资产的所有权归个人掌握，如图 4-5 所示。

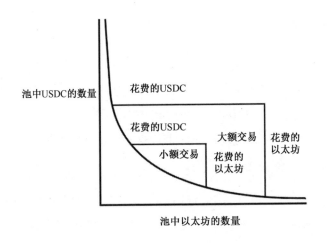

图 4-5　Uniswap AMM 机制

Uniswap 不需要挂单簿（Order Book）系统，价格完全根据人们在此交易所进行的买卖自动调节。2017 年年底，当时学习开发智能合约两个月的海登·亚当斯（Hayden Adams）开始着手开发 Uniswap。2018 年 8 月 Uniswap 获得以太坊基金会资助的 10 万美元，并在当年 11 月被部署上链。由于 Uniswap 在许多方面都有良好的设计，在上线之后交易量便一路攀升。截至目前，其已经稳居以太坊去中心化交易所交易量前列，具有如下优点。

◇ 简单易用

在 Uniswap 交易所上买卖通证时，你只需决定好买卖种类与数量，按下 Swap 键送出交易，在交易上链后就能立即取得你应得的奖励。

◇ Gas 使用效率高

根据白皮书中的资料，Uniswap 交易消耗的 Gas[①]量是以太坊上的几家主流交易所之中较低的，也就代表在 Uniswap 交易中所付的 Gas 费较少，花费较少。

但 Uniswap 不是采用挂单撮合机制来完成交易的，而是采取 AMM 做市行为，所以在一定程度上无法看到历史订单，并不能给交易者提供一个历史参考依据。

◇ 无中间商

在 Uniswap 的合约设计中，任何人都没有特权，开发团队也不从交易中抽取费用。但这不代表在 Uniswap 上的交易是没有手续费的。

要让交易被打包进以太坊区块链就要付 Gas 费，这笔钱与交易的金额无关，与网络拥挤程度有关。

当然，Uniswap 也存在其局限性：

[①] 在以太坊上，所有交易和合约执行都需要支付少量费用，这笔费用被称为 Gas 费。Gas 费完全以以太币（ETH）支付，执行的操作越复杂，完成该操作所需要的 Gas 就越多。

Uniswap 依赖套利交易来保证交易汇率和市场一致，这意味着Uniswap是依赖其他交易所的交易汇率来保障自己汇率平衡的。

Uniswap 目前仍处于版本升级迭代中，需要不断开发来完善交易体系，提高它在数字资产交易方面的效率。

💡 未来展望及总结

以 Uniswap 为首的去中心化交易所交易量迅速增加，仅Uniswap 的交易量，在短时间内涨幅就达数十倍。因为流动性和质押的问题，投资者疯狂地从中心化交易所提现，到去中心化交易所去质押。

之后便是投资者的盈利方式发生了改变，除了投资者熟知的现货交易、杠杆交易和合约交易，还多出了一种流动性收益。以Uniswap 为例，我们可以往 Uniswap 的资金池中存入资产，当我们存入的资产足够多的时候，我们就成为流动性做市商，还可以获得加密资产奖励。

4.2.2 万物 NFT 生态

艺术品卖天价早就不是什么新闻了，可是一张任何人都能在网上轻易查看和下载的数字图片，能卖到几十、几百甚至几千万美元的天价，依然刷新了许多人的认知：一张名叫《彩虹猫》（*Nyan Cat*）的 GIF 图片（见图 4-6）卖到了 59 万美元；网络达人用自己的卡通形象做了一张宝可梦卡片，卖到了 500 万美元；电子音乐专辑不到 24 小时就卖了 1160 多万美元；拼贴电子画在佳士得拍出 6900 万美元……这一切都基于一种名为 NFT 的新技术。以下是 NFT 的发展史。

图 4-6　《彩虹猫》

◇ 2015 年 4 月——Counterparty 上的 *Spells of Genesis*

Spells of Genesis 的游戏开发者不仅是通过 Counterparty 将游戏内资产发行到区块链上的先驱，而且还是最早推出 ICO 的人之一。实际上，很早以前 ICO 被称为众筹。*Spells of Genesis* 通过发行名为 BitCrystals 的加密资产来资助开发，该加密资产也被用作游戏中的硬通货。

◇ 2017 年 3 月——以太坊上的 Rare Pepe

随着 2017 年年初以太坊的崛起，MEME（模因币）的交易也开始出现在以太坊。2017 年 3 月，一个名为 Peperium 的项目被宣称是一个"去中心化的 MEME 市场和交易卡牌游戏（TCG），任何人都可以创建永久储存于 IPFS 和以太坊上的 MEME"。与 Counterparty 类似，Peperium 也有一个关联的加密资产：Rare，可以用它来创建 MEME 和支付上市费用。

◈ 2017 年 8 月——*CryptoKitties*

推特用户和 NFT 收集者 ETHoard 称其发现了早于加密猫（*CryptoKitties*，如图 4-7 所示）的 NFT 项目 MoonCats。Etherscan 数据显示，MoonCatsRescue 合约已经签订了 1310 天，于 2017 年 8 月 9 日首次提交给以太坊。

图 4-7　加密猫

加密猫发展至今，已经拥有接近 200 万只风格各异的猫，有接近 9 万个地址至少拥有一只加密猫，市场成交量约 70 万只，价值 6 万以太币。

◈ 2018 年——OpenSea

OpenSea 是一个老牌 NFT 交易平台，被称为"NFT 世界中的 Uniswap"，由苹果前员工 Alex Atallah、Pinterest（社交巨头）前员工 Devin Finzer 于 2017 年年底创立，2018 年年初正式上线。

最初，OpenSea 支持用户在其平台购买、销售加密猫及类似产品。经过 3 年多的发展，该平台支持任何人创建、交易 NFT

产品，种类从收藏品扩展至加密艺术品、域名、卡片及游戏资产。

在增加产品种类的同时，OpenSea 也在不断优化用户体验，允许使用以太币以外的加密资产（如 DAI、USDC）买入 NFT 产品。同时，支持用户在其平台使用信用卡或用 Apple Pay 购买以太币、稳定币。

◇ 2021 年 3 月——《每一天：前 5000 天》

佳士得网上拍卖呈现的首件由 NFT 艺术家 Beeple 创作的《每一天：前 5000 天》（如图 4-8 所示），自开拍以来，引发各界热烈反响。自 2021 年 2 月 25 日于网上拍卖开放竞投至 3 月 11 日晚 10 点（截标日）以来，其一路从起拍价 100 美元飙涨。竞标的最后几分钟，价格再次快速上涨，从 2000 万美元跃升至 5000 万美元以上，最后以约 6934 万美元成交，创下历史纪录。

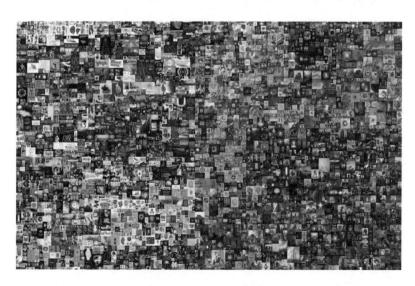

图 4-8 《每一天：前 5000 天》

◇ 何为 NFT

NFT 的全称为 Non-Fungible Token，即非同质化加密资产，这是一种具备唯一性和不可分割性的加密资产，每一份加密资产都是独特的，不可分割和互换。市场上常见的数字资产都是可以互换的，如比特币，每一个比特币之间没有任何区别，你可以以 0.186、0.5221 这种非整数进行转账，而 NFT 加密资产的每一份加密资产都有独特的标记，且无法分割。

NFT 加密资产的主要应用领域有游戏、艺术品、域名、虚拟资产、现实资产通证化（STO）等，尤其是在艺术品和游戏市场，关注度较高。有些游戏道具和艺术品天然就具备唯一性和不可拆分性，正好与 NFT 耦合，因此 NFT 可以有效防止此类物品的伪造与欺诈。

NFT 加密资产主要有以太坊的 ERC721 标准和 ERC1155 标准，加密猫就是率先使用以太坊 ERC721 标准发行的，ERC1155 则是 ERC721 的改进版。ERC721 有个明显的缺点，一份合约只能发行一种 NFT 资产，导致道具类型丰富的游戏基本上不可用，而 ERC1155 则可以在一份合约内发行任意种类的 NFT 资产，同时对元数据的设置也做了许多调整，ERC1155 也被以太坊团队接受，成为以太坊通证标准。

其中 ERC721 是完全非同质化通证，ERC1155 是半同质化通证，区别如图 4-9 所示。ERC721 描述单个资产，ERC1155 描述单一类资产。以最近曾经一度卖到超过 3000 万美元的袜子 Unisocks 为例，该袜子在市场上总共有 500 双的流通量，假如以 ERC721 为标准定义，每次只能转移一双袜子；假如以 ERC1155 为标准定义，可以一次性转移同一类别、数量众多的袜子。

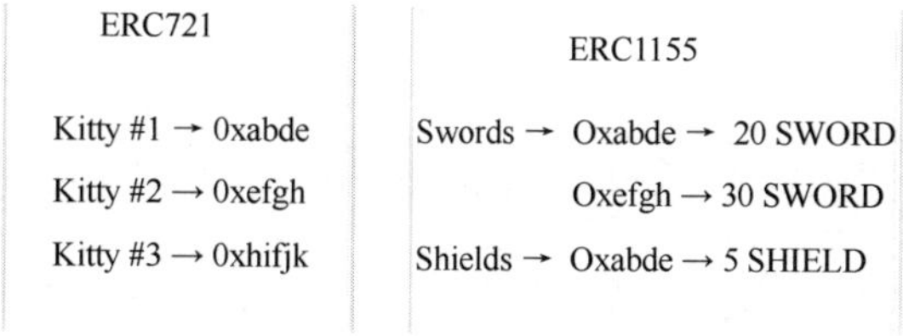

```
ERC721                          ERC1155

Kitty #1 → 0xabde       Swords → 0xabde → 20 SWORD
Kitty #2 → 0xefgh                 0xefgh → 30 SWORD
Kitty #3 → 0xhifjk      Shields → 0xabde → 5 SHIELD
```

图 4-9　ERC721 和 ERC1155 的区别

我们以两个产品为例介绍一下 NFT 的市场方向，Flow 和 OpenSea，分别代表 IP 破圈商业模式和模块简易化构架。

IP 破圈商业模式。因为以太坊上 Gas 费过高，Flow 才能崭露头角。Flow 是一个专注于 NFT 的公链，与以太坊的区别是，它以加快扩容速度和提高吞吐量性能来展现其优越性。Flow 主要通过 IP 来推出产品，进行破圈，该模式有点类似手游。目前其已经推出了 *NBA Top Shot*，未来会与目前世界上规模庞大的职业综合格斗赛事 UFC 达成合作，推出 NFT。

模块简易化构架。OpenSea 是一个基于以太坊、最大的 NFT 交易平台之一，总交易额超过 9000 万美元。OpenSea 最开始致力于 NFT 的模块化工具开发，其优点是：艺术创作者可基于 OpenSea 快速进行艺术创作，无须支付 Gas 费，而不仅仅是确权。与此相比，模块化工具的市场更大，但弊端是以太坊上高昂的 Gas 费束缚了 NFT 的快速发展。

Flow 代表的是一种商业模型，也是市场上较为成熟的商业模式；而 OpenSea 代表的是一种底层协议/应用协议，在 NFT 商业市场未全部市场化时，解决技术问题可能更有利于 NFT 市场的发展。

◈ NFT 的应用

未来，NFT 可能深耕以下场景。

数字艺术市场和收藏品：2019 年，约有 640 亿美元的艺术品易手，其中只有一小部分是数字艺术品，但这个市场正在快速发展。

游戏：NFT 可用作游戏中的宠物、武器道具、服装和其他物品。2018 年的加密猫，就利用 NFT 给每个猫赋予特殊的标记编号，让它成为独一无二的猫。

模因彩票：未来，有一些社交平台将发行模因彩票，达到一定阈值的内容可以自动打包为 NFT，以 GIF 形式产生病毒式效应，让用户像买彩票那样抢购，平台和原生者之间将分配经济收益。

抵押 NFT：传统的艺术品缺乏流动性和现金流的渠道，虽然过去几十年其作为借贷抵押品逐渐盛行，但其中涉及的鉴定、保险和估值程序仍然很烦琐。一旦进入虚拟领域，NFT 的金融化将会给市场带来另一种流动性。

除了虚拟世界，NFT 也将应用到现实生活的场景中。

知识产权：NFT 可以代表一首歌、一部影片、一幅画、一座雕塑、一张照片、一项专利，或者其他的知识产权，起到类似专利局的作用，帮助每一个独一无二的东西进行版权或专利登记，确定其版权或专利。

票务：演唱会门票、电影票、话剧票等，都可以用 NFT 来标记。虽然所有同级的票都有一样的权益，但是座位号不同。

记录和身份证明：NFT 可以用来验证身份。出生证明、驾照、学历证书等，这些都可以用数字化形式进行安全保存，防止被滥用或篡改。

金融文件：发票、订单、保险、账单等，都可以转变为 NFT 进行交易。

实体资产：房屋等不动产及其他的实物资产，可以用 NFT 来表示，进行加密资产化，可以应用于资产的流通等金融市场。

◇　NFT 的价值是什么

最近的 NFT 热潮屡屡把 NFT 艺术品价格推向新高。2021 年 3 月 11 日，数字艺术家 Beeple 的艺术品在佳士得拍出约 6934 万美元的高价；勒布朗·詹姆斯和其他 NBA 球员比赛的"高光时刻"在 *NBA Top Shot* 上更是创下超过 2.3 亿美元的销售额。

那么，NFT 具体有哪些价值？笔者认为，其价值可能由实用价值、文化价值、艺术价值和经济价值组成。

实用价值即是 NFT 本身的价值，如门票、不动产、股权和保险等，都具备实际的价值。即便是艺术品，其也有对学术造诣的研究价值，如《蒙娜丽莎》背后的美学原理、《清明上河图》反映的市井文化。

文化价值相对而言比较主观，有点类似上市公司的名誉估值，偏向价值认同感。文化价值主要针对一些具备历史文化、时间意义的艺术物件，稀缺性有可能会赋予其更高的价值。如圆明园十二生肖兽首铜像属于见证历史的文物，具备收藏价值，即便是后期大家模仿制作的兽首也具备一定的历史文化价值。

艺术价值波动性比较大，审美因人而异。一般来说，一个作品如果是独创而非抄袭的，色彩自然、搭配协调、赏心悦目，该作品便具备较高的视觉价值。假设该作品由名家所画，数量很少，而且作品本身具备文化意义（如毕加索的《海滩上奔跑的两个女人》展示出立体主义的新艺术形式），那么艺术价值将会更高。

经济价值即一些市场炒作行为带来的价值。如街头艺术家 Banksy 销毁自己的作品，然后将其变成 NFT 加密艺术作品，以 9.5 万美元进行公开售卖等，通过一些手段让市场变得不那么理性。

就最近的艺术品来看，NFT 因为并未历经长时间的沉淀，可能偏向以文化价值和经济价值为主，而文化价值并不十分明显，其价值存在一定的不稳定性，即存在一定的泡沫。

 未来展望及总结

◇ 优质资产提升市场流动性

在 NFT 领域预计会出现更多优质的综合性交易平台，为世界各地的玩家提供铸造或交易 NFT 的场所。另外 DeFi 可以为 NFT 提供流动性，优质、得到广泛认可的 NFT 资产可以在 DeFi 的协议里抵押借贷，用户抵押 NFT 之后再去购买新的资产，优质的 NFT 资产将提高市场流动性。

◇ 资产上链形式更多

NFT 的真正意义是为现实世界的物品提供一个上链渠道，充当物理世界和区块链世界的连接桥梁。除了现有的游戏道具、艺术收藏品等应用，未来更多现实资产，如房产、版权等都可以上链，以 NFT 形式存在。此外，NFT 也可以看成现实兴趣爱好的一次上链过程，如电影、音乐、戏剧等都可上链，玩法将更多元化。

◇ 金融属性增加

商业票据如债券、保单等，在金融市场流通、交易的过程中需要承载大量信息，具有唯一性。NFT 作为非同质化加密资产，可以对标不同实物，票据的信息可被追踪。NFT 可以为金融领域赋能，未来金融属性将会增加。

◇ 生态环境不够完善

相较于先前热门的 DeFi 生态，现阶段 NFT 的生态环境还不够完善。不同于 DeFi 领域各个赛道的相似业务和投资逻辑，NFT 的赛道分化明显，项目差异较大，而且只有少部分赛道发展较为成熟并具有投资价值，这导致 NFT 的项目和赛道合力不足，影响力有限。另外，NFT 中涉及的私钥、钱包、助记词等概念对玩家而言门槛较高，很多玩家因此望而却步。此外，NFT 市场由于是新兴的小众领域，流动性与 DeFi 项目相比较差。

◇ 安全风险较高

在 NFT 领域，全球政策的监管尚处在空白阶段，NFT 发展处于无监管的"野蛮生长"状态。根据 NFT 非同质化加密资产对标实物的特点，可能会出现不法分子利用 NFT 洗钱、交易违禁物品等犯罪活动。此外，随着 NFT 资产价值不断增加，生态系统逐渐扩大，它可能成为继 DeFi 之后黑客新的攻击目标，网络安全问题也是潜在风险。

4.2.3　Layer 2 可扩展解决方案

以太坊至今仍处于成长初期，它不是完全安全的或者可扩展的。技术人员能够很清楚地认识到这一点，所以在后续的进程里很多技术开发者将专注于 Layer 2 的开发，争取提高以太坊网络的使用效率。Layer 2 是一个为提升以太坊网络（Layer 1）性能而设计的整体解决方案，由于以太坊网络经常出现拥堵情况，并且手续费居高不下，导致许多大规模应用无法在以太坊网络顺畅运行。例如，在 2021 年的 DeFi 浪潮中，其手续费动辄高达数百美元，非常不利于项目的推广。此外，受限于以太坊网络的 TPS，导致去中心化交易所难以普及，甚至衍生品等业务无法进一步扩张。

区块链借鉴计算机网络分层管理、各层标准化设计的思想，将区块链与传统互联网 OSI 模型结合，建立区块链技术可扩展方案分层模型，分为 3 个一级层级：Layer 0 数据传输层，Layer 1 On-Chain 底层账本层（公链自身）和 Layer 2 Off-Chain 底层账本层（应用扩展），如图 4-10 所示。

Layer 0

Layer 0 为底层协议，在互联网 OSI 模型构建中包含传输层、物理层等。

传输层：包含了所使用的协议等发送信息；提供点对点的数据服务。

物理层：负责管理计算机通信设备和网络媒体之间的互通。

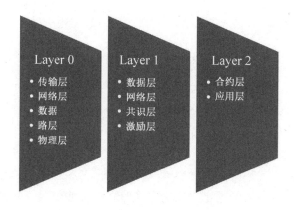

图 4-10　Layer 0、Layer 1 与 Layer 2

在区块链的 Layer 0 中，除了包含 OSI 模型底层，还包含点对点网络和传播机制，是一种不可改变区块链结构、保留原生链基本性能的提升方案，主要用于优化区块链和解决传统网络之间的结合问题。但目前 Layer 0 技术实现难度较大，并未有很成熟的解决方案，所以在扩展性层面，目前从 Layer 2 着手。

Layer 1

Layer 1 包括数据层、网络层、共识层和激励层。其主要负责安全、妥协性能、记账功能，针对 Layer 1 上的扩展方案即链上扩容，优化、改进公链的基本协议。

Layer 2

Layer 2 包括合约层和应用层，也被称为链下扩容，Layer 2 协议的形式有状态通道、Plasma、Rollup、侧链等。

目前市场上相对比较成熟的是 Layer 2，以下我们针对 Layer 2 协议的形式展开分析。

◇ 状态通道

状态通道是一种用于执行交易和其他状态更新的 Off-Chain 链下技术。可是，一个状态通道里面发生的事仍保持了很高的安全性和权威性。如果出现任何问题，我们仍然可以选择重归"稳固内核"上，它的权威性建立在链上交易的基础上。

很多人都知道这个存在多年的概念——支付通道，它最近通过在比特币上借助闪电网络得到实现。状态通道是支付通道泛化出来的形式，它不仅可用于支付，还可用于区块链上任意的状态更新，如智能合约中的内容更改。

状态通道是一种扩容（Scale up）的手段。Scale up 的意思是用技术手段线性地将区块链扩容，如分片。如果以太坊 2.0 要启动 64 个分片，那么它的容量就增加了 64 倍。而对于状态通道来说，其现在能支持 1000 位用户同时在线，未来可能最多支持 64000 位用户同时在线，这个数字还是很小的。

状态通道的扩容看似节点数量越多，网络越大，容量就越大。但这只是一个很美好的设想，实际上受到了一个很大的限制——低资金利用率。状态通道要让双方都把钱存到链上的通道，之后再互相进行发送、支付，就是要把钱存到链上去，钱的总量是有限的。比如，你手上有 1000 个以太币，而状态通道只能发送 1000 个以太币，如果你突然发送一笔 2000 以上的以太币，它就无能为力了。

◇ Plasma

2017 年 8 月 11 日，Vitalik Buterin 和 Joseph Poon 发布了一份题为 *Plasma: Autonomous Smart Contracts* 的文档。这份文档

介绍了一种新技术，它能使以太坊每秒处理远比现在更多的事务。

和状态通道一样，Plasma 是一种用于管理链下交易的技术，同时依靠底层的以太坊区块链来保障其安全。但是 Plasma 采用了一种新思路，它是通过创建依附于"主"以太坊区块链的"子"区块链（子链）。这些子链又可以循环产生它们自己的子链，并能依次循环往复。

其结果是，我们可以在子链层级中执行许多复杂的操作，在与以太坊主链保持最低限度交互的情况下，运行拥有数千位用户的完整应用程序。Plasma 子链可以更快迁移，并承担更低的交易费用，因为其上的操作无须在整个以太坊区块链上进行重复。

Plasma 的主要思想是建立一个侧链框架，它将尽可能少地与主链进行通信和交互。这样的框架被设计成一个树状的区块链，它以分层方式排列，使得它可以在主区域之上创建许多较小的链，这些较小的链就是 Plasma Chain 或子链。

Plasma 的结构是通过使用智能合约和默克尔树建立的，可以创建无限多的子链——基本上都是父链以太坊区块链的较小复制。在每个子链的顶部，可以创建更多的链，这就是它被称作树状结构的原因。

◇ Rollup

Rollup 是目前主流的扩容方案，其本质是将原本分布在区块中的大量交易数据，打包成一笔交易的集合，发布到链上。为确保其中每笔交易的有效性，各种 Rollup 方案都有不同的机制，以确保整个过程的安全性与 Layer 1 保持一致。这个解决方案又可进一步细分为 Optimistic Rollup、ZK Rollup、ZK-SNARKs，而 Optimistic Rollup 则继承了 Plasma 的惩罚机制，以确保节点如果作恶就必须付出很大的代价。

◇ ZK Rollup

在 ZK Rollup 中，运营商必须为每个状态转换生成一个简洁的零知识证明（SNARK），由主链上的 Rollup 合约验证。这个 SNARK 证明了存在一系列由所有者正确签名的交易，这些交易以正确的方式更新账户余额，并使 Merkle Root 从旧到新。因此，操作员不可能提交无效或被操纵的状态。

◇ 侧链

侧链的核心思想是构建一条完全独立的区块链，其有自己的验证者和运营者，以及独立的共识机制。侧链具有往主链来回迁移资产的能力，可以将每一个区块头映射到主链上，用来防止分叉。

映射是一种安全保障，减少了验证者暗箱操作导致分叉的可能性。

主链从 PoW 转到 PoS 会有更强的安全性，但侧链的验证者偏少，安全性也较弱，比如 Cosmos 只有 100 个验证者。

侧链的 TPS 取决于它的验证者。验证者越多，它的 TPS 会越低。侧链的延迟相对较低，比状态通道的毫秒级高一些，比主链的十几秒、几十秒延迟低很多。

未来展望及总结

Layer 2 最大的问题是各自为战，各家的扩容方案和技术特点都不一样，即便技术特点一样，里面又分为各个子类，比如 Rollup 下就有 ZK Rollup、Optimistic Rollup、Validium，每一个子类下面又都有几个不同的公司在各自研发……

当前，新公链在本质上和 Layer 2 是一样的，在自己的生态没有形成规模之前，只能乖乖先做"以太坊的朋友"，把自己当成一个以太坊侧链。在慢慢积累了足够多的用户，足够多的开发者，足够多的项目之后，才能慢慢摆脱以太坊生态。

2021 年，很难想象 DeFi 会继续以十几美元的手续费继续这样运行。Layer 2 或是新公链的解决方案，并且迫在眉睫。

4.3　分布式计算

4.3.1　分布式计算 VS 中心化计算

　　分布式计算是一种把需要进行大量计算的工程数据分割成小块，由多台计算机分别计算，在上传运算结果后，将结果统一合并得出数据结论的科学。分布式系统是一组组计算机，透过网络相互连接、传递消息后协调它们的行为而形成的系统，组件之间彼此进行交互以实现一个共同的目标。

　　狭义上，分布式计算仅限于在有限地理区域内的计算机之间共享组件的程序。然而，更广泛的定义包括共享任务及程序组件。广义上，分布式计算只是意味着某些计算资源在多个系统之间共享，这些系统也可能处于不同的位置。

　　分布式计算具有以下 3 个优点。

　　（1）计算资源可以共享。*Flexera 2021 State of the Cloud Report*指出，多达三分之一的云计算资源没有被有效使用或被浪费。该报告指出，基于 750 名高管的样本数据，大多数公司每年在云上的花费超过 100 万美元，平均而言，受访者估计有 30%的云支出被浪费。

（2）通过分布式计算我们可以在多台计算机上平衡计算负载。核心问题是高并发、不可预测访问需求承载力、时间利用率有限，难以满足智能化利用的需求，亟需加强多种算力的统一调度，提高算力基础设施资源利用率，实现计算资源、算力资源的弹性调度。

（3）分布式计算框架可以把程序放在最适合运行它的计算机上。通过分布式计算搭建起计算规模之后，程序可以根据不同的配置需求进行选择与调试，选择出最为合适的计算资源。

中心化计算与分布式计算的比较。

中心化计算的特点：非自主组件，通常为同质技术，多个用户始终共享相同的资源，单点控制，单点故障。

分布式计算的特点：自主组件，主要使用异构技术构建，系统组件可单独使用，可以执行并发进程，多点故障。

我们以一个例子进行解释。

假设你携带大量现金乘坐拥挤的火车，你的口袋可能会被掏空，你可能会亏钱。携带资金的理想策略是什么？

策略一：把所有钱放在一个口袋里。在这种情况下，你把钱放在口袋里就行了。回到家，你只要从口袋里掏出钱，数一数就可以了。但是万一你的口袋被扒了怎么办？那你将失去所有的钱。由此看来，把所有钱都放在一个口袋里并不是最好的方式。

策略二：把一些钱放在左边的口袋里，再把一些钱放在右边的口袋里，还可以把一些钱放在你的包里（容量有限）。回家后，你需要花时间从不同的口袋里收钱，并非在一个地方收钱。不过，现在的情况好多了。如果口袋被扒了，但我们的包被捡到，我们就不会损失所有的钱。这就是分布式系统的工作方式，也是分布式计算与中心化计算的区别。

分布式计算将计算（上文所提及的钱）分开执行并将其存储在不同的机器上（我们的口袋和包）。这样，如果其中一台机器出现故障，那么不会直接宕机。也就是说，不会出现单点故障。

4.3.2　世界超级计算机

以下我们以 Dfinity 案例来分析分布式计算。

Dfinity 又称互联网计算机（Internet Computer，IC），是基于现有互联网基础设施和区块链技术打造的一个全新的世界超级计算机，用于支撑未来大规模分布式应用生态、开发友好的基础设施平台。

Dfinity 是一个去中心化的区块链计算机，它提供了安全、高效、灵活的共识机制。其协议可以生成一个可靠的虚拟区块链计算机，运行在点对点网络之上，我们可以安装软件，并且可以在防篡改的智能合约下运行。

Dfinity 想做什么？

Dfinity 要打造一个由世界上的数据中心共同组成的虚拟超级主机，在阿里云和 AWS 等传统云厂商之上抽象出了一个去中心化的超级虚拟云。

Dfinity 的目标是打破传统中心化应用的数据孤岛效应，让我们的应用更加开放，并且应用之间产生互联，最终形成一个巨大的网络效应，我们可以基于 Dfinity 构建自己的应用，避免了很多重复的事情。

◈ Dfinity 与革命性的 Canister（容器）

Canister 作为 Dfinity 中的一个重要概念，通常被理解为智能合约。为了将并行计算带入区块链，解决可扩展性的难题，设计者引入了 Actor 的概念。

此外，为了实现 Canister 的内存管理和互操作，设计者将 Canister 作为 IC 系统中的进程进行更新、移除等操作。为了打破区块链中虚拟机的瓶颈，设计者还引入 WebAssembly 来支持多种语言的高效编译。

可以说 Dfinity 中的 Canister 继承、吸纳并优化了以上概念中的元素，满足了大规模网络服务的可扩展、可互操作的需求。

接下来我们通过比较几种对 Canister 的不同理解，全面阐释 Dfinity 中 Canister 的概念。

Dfinity 是由运行着去中心化协议的各个独立的数据中心节点组成的区块链网络。不同的应用和程序之间能够进行通信，调用对方的 API 接口，由此打造了一个无缝的软件生态。

Canister 由代码和数据组成，Dfinity 应用中的各个功能、组件的实现都要通过 Canister——这个 Dfinity 中的计算单元来完成。

Dfinity 这样定义 Canister：它作为 Dfinity 上的智能合约，被部署在 IC 的数据中心上，是为大规模网络服务设计的，是可扩展、可互操作的计算单元。

不同技术背景的人对 Canister 有不同的理解。

- 以太坊开发人员：它就是智能合约

- 计算机科学家：Canister 类似于 Actor Model 中的 Actor

- 系统工程师：它就像操作系统中的进程（Process）

- 虚拟机专家：它让我想到了 WebAssembly 模块（WASM 模块）

这些理解都没有错，却并不完整。如果我们把它们整合，就可得出 Dfinity 中 Canister 的完整概念。

◇ **智能合约**

Canister 非常像一个智能合约，合约都要在 Dfinity 的安全协议（ICP）的管控下执行。注意，这里的 ICP 不是指 ICP 的治理 Token，而是 Internet Computer Protocol 的缩写，也就是 Dfinity 的区块链协议。就像以太坊中的智能合约一样，Canister 状态的改变必须也只能通过区块链中达成共识的消息触发。因此，Canister 具有防篡改的功能。

另外，由于 Canister 代码的执行机制是具有确定性的（Deterministic），通过检查链上的消息，就可以一种安全加密的方式对 Canister 的状态进行审查。

Canister 不仅拥有传统智能合约的全部功能，更重要的是它能为软件服务提供更好的可扩展性，这就引出了 Canister 背后的另一个概念：Actor。

◈ Actor

Dfinity 引入 Actor 的概念主要是为了将并行计算引入区块链，以解决可扩展性的难题。

如果我们退一步，从一个更抽象的角度去看 Canister，它就类似 Actor Model 中的 Actor（某个行动的发起人、实施人）。就像在面向对象的语言中"一切皆是对象"的理念一样，在 Actor Model 中，一切都是 Actor。这里简单解释一下 Actor Model，它是并行计算领域的一个数学模型，而 Actor 就是模型中不可再分的计算单元。

Canister 和传统 Actor 相比，最大不同在于其可以进行双向信息传递。它的消息分为请求和响应，在请求得到应答后，IC 会跟踪响应的回调。当 Actor 收到一条消息时，它可以做出这样几种响应。

➲ 做出本地决策

➲ 创建更多的 Actor

➲ 给其他 Actor 发送消息（来改变其他 Actor 的状态）

➲ 决定如何响应下一条收到的消息

上述操作均没有一个假定的顺序，它们可以并行执行。

Canister 对消息的响应也大致如此。另外，Canister 也继承了 Actor 的一些特性：

➲ Canister 的私有状态只能由该 Canister 自己更改

➲ 每个 Canister 的执行都是单线程的，因此不需要基于锁的同步性

➲ 可以通过异步消息与其他 Canister 通信

在 Actor Model 中，一条消息的接收者是由地址（有时也被称为邮寄地址）识别的。因此，Actor 只能在知道对方地址的情况下和其他 Actor 进行通信，如图 4-11 所示。

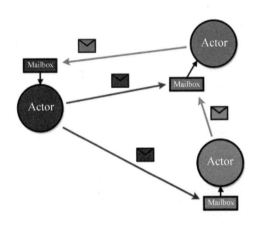

图 4-11　Actor 系统通信

例如，电子邮件可以被建模为一个 Actor 系统，即用户的账户被建模为 Actor，电子邮件地址被建模为 Actor 地址。而 Canister 也有一个类似于 IPv6 地址的邮寄地址。

单个 Canister 在更新状态时只拥有一个执行线程，但 IC 可以同时并行执行大量的 Canister。这就是 IC 打破智能合约早期平台的性能限制的方式。

此外，IC 还将请求分为两类：一类是需要更新 Canister 状态的请求，另一类是查询请求，不能改变 Canister 的状态。

这样一来，虽然单个 Canister 更新请求的吞吐量受到单线程和区块链性能的限制，但查询请求却可以达到每秒上千的吞吐量和毫秒级延迟。也就是说，更新需要上链的消息（请求），而查询消息是不需要经过区块链的。

为了让浏览器和移动端 App 能够直接在 Canister 进行更新和查询，终端用户也必须作为一个 Actor 参与到模型中来。

补充一点，Dfinity 特有的 Motoko 语言正是受到了 Actor Model 的启发被设计出来的。

◇ **进程**

在一个系统工程师眼中，Canister 很像操作系统（Linux、MacOS、Windows）中的进程。

操作系统会追踪进程的有效内存范围，而 Canister 在其线性内存上有一个由 IC 强制限定的边界。

当有任务需要完成时，操作系统的进程调度器会唤醒一个进程，而 IC 会帮我们统筹安排 Canister 的执行。

操作系统负责维护进程的状态（如文件描述符）。同样地，IC 也在维护、追踪 Canister 的状态：Token（ICP）和 cycle（燃烧燃料）的余额、未完成的调用、权限等。这里解释一下 cycle，它是 Canister 调用 Dfinity 系统资源（如计算、存储等）所产生的服务费，类似以太坊中的 Gas 费。

因此，我们可以把整个 IC 系统理解成一个超大的分布式系统的资源/进程管理器，通过 ICP 使资源的利用率最大化，达到优化系统整体性能的目的，如图 4-12 所示。

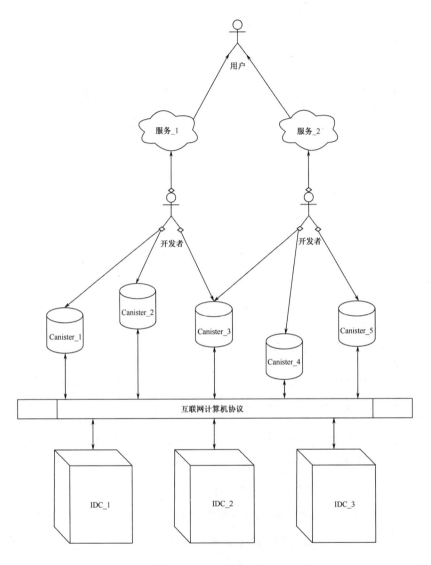

图 4-12　IC 的容器操作进程

　　由于进程无法直接更改自己的状态，操作系统便给进程提供了一些功能，使其能够执行如操作文件和与外围设备通信这样的操作。同样，IC 也以 API 的形式给 Canister 提供了一些功能：

⊃ 付款

⊃ 调用其他 Canister

⊃ 创建和管理 Canister

⊃ 对权限进行管理

⊃ 获取系统时间

IC 的一个独特特点是它提供了安全随机的入口。未来，Canister 也有能力通过 Canister 的 API 在比特币和以太坊合约（跨链）签名。

说完了相似点，我们再来谈谈 Canister 和传统进程的不同点：Canister 的副本遍布在子网的节点上。也就是说，当 Canister 在遇到 WebAssembly 的 trap 时，它不会像在进程中那样崩溃，而是会回滚到当前消息执行前的状态，这样 Canister 可以继续执行新消息，实现了消息异步。

另外，Canister 不像传统系统中的进程那样有 exit() abort() 这样的系统命令，也就无法像进程那样被 CPU 从进程表中移除。它只能被 IC 的控制器（Controller）通过管理员命令的方式从系统中移除或更新，这个控制器可以是用户也可以是其他 Canister。当在 IC 上构建自治服务时，一个 Canister 控制、调用另一个 Canister 就成了一个关键因素。

Canister 作为 WebAssembly 模块的实例如下：

Canister 对于 Web 工程师来说相当于 WebAssembly 模块的实例。这不仅仅是一个类比，而是 Canister 在 IC 上实际执行的方式。也就是说，你运行在 IC 上应用的 Motoko 代码（Motoko 是一种为互联网计算机设计的编程语言，类似 Solidity 之于以太坊）

需要被编译成一个 WebAssembly 模块，才能被部署在 Canister 中执行。

WebAssembly 是一种能在现代计算机硬件上运行的低级计算机指令格式，它广泛支持运行在互联网上的应用，并原生支持互联网计算机平台上的应用。

它的设计目的是为诸如 C、C++和 Rust 等语言提供一个高效的编译目标。换句话说，开发者可以通过 Motoko 编译成可移植的 WebAssembly，同时还能以一种简单的高级语言交付应用，如图 4-13 所示。

Motoko代码　　　　WASM模块　　　　Canister　　　App或Web应用

图 4-13　WASM 的作用

对于网络平台而言，这具有重大的意义——为客户端 App 提供了一种在网络平台以接近本地速度的方式运行多种语言编写的代码的方式。在这之前，客户端 App 是不可能实现这点的。

因此，WASM 虚拟机也被看作解决区块链虚拟机瓶颈的既定方案，被波卡、以太坊 2.0 等项目采用。

从技术上讲，Canister 的代码部分是一个加载系统 API 的 WebAssembly 模块，也就是由 IC 提供给 Canister 的方法。此外，Canister 可以导出自己的 API，其他 Canister 也可以调用该 API。WebAssembly 的文档中写道："模块的实例是一个模块的动态表示，包含它自己的状态和执行堆栈。"因此，Canister 不仅是

WebAssembly 模块，还是一个 WebAssembly 模块的实例。

为了实现 Canister 在部署时简单和可靠，Canister 包含编译过的代码和依赖（执行环境）。此外，它还存储了关于当前软件状态的信息，并记录了前面的事件和用户的交互。这个状态信息包含执行环境的状态和执行应用中的方法后导致的状态的改变。

可以说 Dfinity 中的 Canister 继承、优化并吸纳了智能合约、Actor、进程和 WebAssembly 这四个概念中的元素，并致力于满足大规模网络服务的可扩展、可互操作的需求。

Canister 是互联网计算机的基石，也是组成网络服务的"原子"——大规模的互联网服务需要由众多 Canister 互相协作完成。

◇ Dfinity 的算法自治之路

通过了解神经元网络（NNS），你不仅可以看到 Dfinity 是如何实现网络治理的，还可以窥见 Dfinity 经济模型中最重要的两个通胀模型和一个通缩模型。

下面我们会通过几个问题来解读 Dfinity 这个互联网计算机是如何实现去中心化治理的。

（1）NNS 是干什么的？

（2）为什么需要 NNS？

（3）NNS 是如何实现自治的？

（4）神经元、提案、通证、容器分别在 NNS 中起到了什么作用？

（5）以上四个 NNS 组成部分是如何协作进行经济治理的？

◇ NNS 是干什么的？

神经元网络是一个去中心化的、Token 化的、运行在互联网计算机协议中的算法治理系统。在系统级调整和进化（如安全性和可扩展性的升级）时，它在一套经济模型的激励下采用神经元投票的方式，充分表达社区的整体意志。

其中，系统的进化（如协议的升级、子网的加入、经济模型参数的调整等）由投票通过的具体提案完成，而提案的提出、投票和执行都是 Canister 中的神经元执行的。

神经元由参与者质押通证产生，随解压溶解。投票包含了经济模型中非常重要的一个通胀机制——投票奖励，而另外一个通胀机制是节点服务商奖励和通缩机制，燃烧燃料、销毁也在 NNS 中。

◇ 为什么需要 NNS？

互联网计算机是由托管在不同数据中心的节点计算机网络运行的分布式协议构成的。数据中心节点需要就 IC 的状态达成共识。其中，参与共识的节点的集合称为子网，每个子网都是一条区块链。

在节点通信和共识协议之上托管的，是一个个有状态的智能合约——Canister，每个 Canister 都是一个微服务，它们之间互相通信、协作，组成互联网计算机中的软件和服务。

所有 Canister 的状态必须在所有节点之间复制，这有点类似于分片技术的思路。为使互联网计算机无限扩展，网络往往由多个子网组成。

为了使互联网计算机按需扩展，网络必须能够随时间添加新的子网（一批新节点）及子网中新的节点，从而增强计算能力。这意味着需要一种机制来组织、跟踪和管理节点和子网。例如，决定何时添加或删除子网和节点（见图 4-14）。

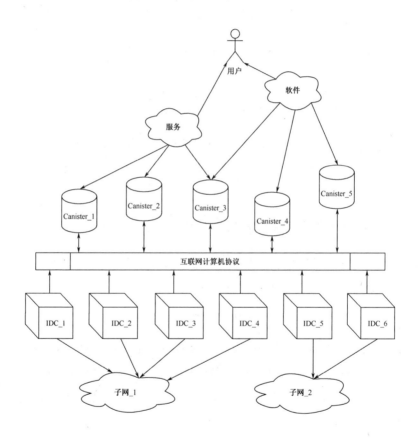

图 4-14　互联网计算机协议

除了以上原因，这里还为大家列出了 NNS 在互联网计算机中的一些典型应用场景：

节点和子网信息的查询；

更新 IC 的特性、参数，包括 NNS 自身的升级；

协议和软件的升级，避免分叉，避免破坏共识；

调整经济模型的参数，如 ICP 和 cycle 的兑换比率；

节点提供商的奖励；

极端情况，为了保护网络和用户权益，可以冻结恶意智能合约；

智能合约或服务的升级；

NNS 中的钱包转账，包括将 ICP 转化为 cycle 的操作。

……

◇ NNS 是如何实现自治的？

互联网计算机通过经济激励推动提案和投票的方式实现治理。NNS 有四个重要组成部分：神经元、提案、效用通证（ICP）、容器。NNS 提案流程，如图 4-15 所示。

当有人发现 IC 在某些方面需要升级调整时，会向 NNS 发起提案。NNS 中的容器负责执行具体的治理方案。这分为两类，一类是发起提案和负责投票的治理容器，另一类是供节点查询系统配置信息的注册容器。

提案的发起过程是，由发起人 P 向 NNS 中负责治理的容器——治理 Canister 发送一条包含提案内容和参数的指令，经过发起人验证后开始投票。

系统会预置一些投票话题及它们涉及的参数。一个提案会设置一个投票的权限，有权限的神经元会在 NNS 中看到这个提案。

　　NNS 会根据票数和每张票的权重给出投票的结果。每张票的投票权重由神经元中质押的代币数量、溶解延迟和年龄共同决定。

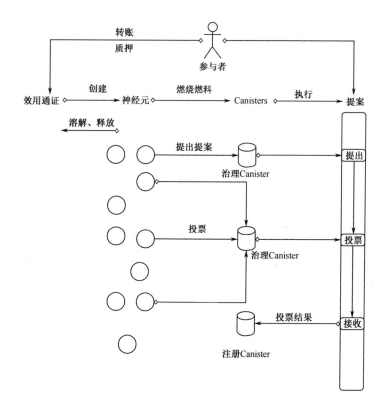

图 4-15　NNS 提案流程

　　这里，投票人可以选择自己投票，也可以选择跟投。如果结果超过阈值，则提案通过，否则将被驳回。需要注意的是，为了防止提案泛滥，提案被驳回的发起人会受到惩罚。

一个用户要想参与网络投票或发起提案，前提是要拥有一个神经元。用户通过向神经元抵押一定量的效用通证来创建一个神经元。

神经元就像我们的一个代理人，代表我们在网络或社区中的意志。

这个抵押过程是，参与者通过向治理 Canister 发送一笔 ICP，然后 NNS 会为其分配一个新的钱包地址将这笔通证锁仓。

质押的 ICP 就像是神经元的氧气，质押创建，溶解销毁。最后 NNS 会为参与者创建一个神经元，里面记录着参与者的身份信息、质押通证的数量和质押的时间，以及以后质押解锁的时间。

具体有哪些投票的话题，什么是溶解延迟，奖励为什么要延迟释放，投票权重如何计算？**神经元、提案、通证、容器分别在 NNS 中起到了什么作用？以上四个 NNS 组成部分是如何协作进行经济治理的？**我们将在下文中为大家一一解答。

账本（Ledger）是神经网络系统中负责管理（质押、支付和销毁）ICP 的组件，也记录着互联网计算机区块链信息。

终端用户或者调用容器，通过给容器发送消息触发被调用容器来实现用户或调用容器的操作。

这些消息可以用来查询（而不改变）应用状态，也可以用来更新并保存状态，至于这些更新以什么顺序被执行，则由 IC 网络中节点运行的共识协议决定。

上文提到的在神经元中的质押、账户之间的转账、IC 发放 Token 奖励及 ICP 销毁转化为燃料都是通过账本来管理的，而账本的操作则是通过账本容器（Ledger Canister）具体实施的。

　　需要注意的是，整个互联网计算机只有一个账本容器，而这个账本容器会伴随所有其他容器执行。

　　账本还与 NNS 中的其他组件神经元、ICP、容器、提案存在诸多关联，如图 4-16 所示：

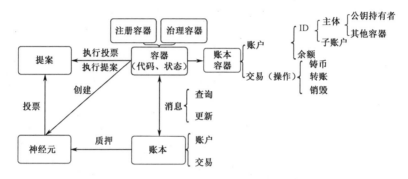

图 4-16　NNS 中账本和其他组件的关系

　　下面我们就以账本为中心展开讨论。

　　Dfinity 的区块链账本托管在 NNS 上，它记录着账户及账户对应的余额。账本以一种电子表格的形式进行记录，每行都代表一个账户，一个账户主要包含两条信息：账户 ID 和余额。

　　账户 ID 可以理解为比特币或以太坊中公钥的哈希。账户标识符包括一个主体 ID（Principal）和子账户。其中，主体可以是一个公钥所有者也可以是另一个 NNS 或互联网计算机中的容器。

　　在发生转账交易时，如果账户内通证余额为零，也就是没有操作的对象，则从账本中注销该账户。

　　如果收款账户是 NNS 容器（如治理容器账户），打款人可以让账本发送消息，通知收款账户执行某条命令，如图 4-17 所示。

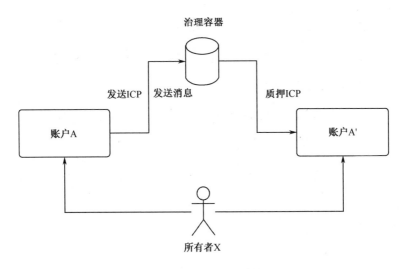

图 4-17　NNS 治理流程

　　例如，在创建神经元时，所有者 X 在创建一个神经元而质押 ICP 的时候，通过向 NNS 发送一条命令通知治理容器，从自己的账户 A 划转一定数量的 ICP 到一个新的账户 A'。质押完成，就完成了一个新的神经元的创建，而 A 和 A'的所有者都是 X。

　　X 也可以通过对神经元的操控（投票、增减质押数），表达自己的网络意愿。

　　所以，账本容器的管理对象既包括账户中的 ICP 也包括容器之间通信的消息。

　　注意：目前交易的流程是通过向运行在 Rosetta 节点（不属于 Dfinity 网络）上的 Dfinity/Rosetta-api 这个中间件提交交易的方式，帮助用户和互联网计算机进行交互的。

　　神经元网络中的容器主要有 3 种：治理容器、注册容器和账本容器。其中，治理容器负责收集提案和参与投票的神经元；注册容器保存了互联网计算机的系统配置信息，供节点查询。

　　神经元投票的发起者是账本中账户背后的公钥持有者，其通过账本容器向治理容器中发送 ICP 进行质押，即创建神经元，发起提案。

　　其他神经元通过治理容器查询正在投票的提案。每个神经元都有自己的投票权，NNS 会根据权利占比决定提案是否通过。

　　如果提案通过，则治理容器给注册容器发送提案的最终结果，更新 IC 系统配置，完成投票奖励的分发。如此，完成一轮 NNS 治理。

图书在版编目（CIP）数据

元宇宙基石：Web3.0 与分布式存储 / 焜耀研究院著. —北京：电子工业出版社，2022.1
ISBN 978-7-121-37941-3

Ⅰ. ①元… Ⅱ. ①焜… Ⅲ. ①信息经济—研究 Ⅳ. ①F49

中国版本图书馆 CIP 数据核字（2021）第 244056 号

责任编辑：黄　菲　　文字编辑：刘　甜
印　　刷：三河市鑫金马印装有限公司
装　　订：三河市鑫金马印装有限公司
出版发行：电子工业出版社
　　　　　北京市海淀区万寿路 173 信箱　　邮编：100036
开　　本：720×1 000　1/16　印张：11.5　　字数：153 千字
版　　次：2022 年 1 月第 1 版
印　　次：2022 年 1 月第 2 次印刷
定　　价：78.00 元

凡所购买电子工业出版社图书有缺损问题，请向购买书店调换。若书店售缺，请
与本社发行部联系，联系及邮购电话：(010) 88254888，88258888。

质量投诉请发邮件至 zlts@phei.com.cn，盗版侵权举报请发邮件至 dbqq@phei.com.cn。

本书咨询联系方式：1024004410（QQ）。